移住で地方を元気にする

ＩＴ社長が木の会社を作った理由

かくまつとむ

移住で地方を元気にする

IT社長が木の会社を作った理由

目次

※本書はアウトドア月刊誌『BE-PAL』(2022年6月号〜2024年5月号)に連載した「四国の右下にぎやかそ革命」をまとめたものです。時系列や数値、登場する方々の所属や年齢は掲載当時のものです。

はじめに

四国の右下の快男児

かくまつとむ

アウトドア分野のライターとして、かれこれ40年ほど地方を歩いている。訪ねる先は自然豊かな町や村だ。釣りや漁、狩猟の名人。篤農家《とくのうか》に篤林家、ものづくりの匠。そして自給自足生活の探究者など、自然とともに暮らす人たちの話に耳を傾けながら、文明や経済のありよう、人生観、幸福感のようなものを、漠然とではあるがいろいろ考えてきた。

自然豊かな町や村といえば聞こえは良いが、そのような場所は過疎地域とも呼ばれる。公共サービスはたしかに脆弱《ぜいじゃく》だ。民間インフラの最後の砦《とりで》ともいえる酒店やガソリンスタンドさえ姿を消した地域は多い。もちろんコンビニもない。増えているのはシカやイノシシばかりで、消滅可能性自治体という言葉は年々リアリティを増している。しかし、私が今まで会ってきた人たちは、そんな暮らしを必ずしも不便と感じてはいなかったように思う。過疎という現象と、自然から喜びが得られる暮らしを天秤にかけると、幸福度を示す針はネガティブよりポジティブなほうに大きく傾く。自然のリズムで暮らし、おいしい空気を吸いながら日々を生き生きと過ごしている人たちを見るたび、私は今も、そこになにがしかの光を感じる。

人口減少はいよいよ加速し、中央と地方との均衡を図る政策として移住が真剣に議論されている。移住というアクションは今に始まったことではない。古くは「帰農」という言葉があり、都会の生活に見切りをつける意味で使われた。暮らしの拠点を都会から田舎へ移す行動は、私が地方を歩くようになった１９８０年代には「田舎暮らし」と呼ばれるようになっていた。帰農にはどことなく都落ちのニュアンスもあったが、田舎暮らしはカジュアルで前向きだ。そして21世紀の始まりから4分の1が過ぎた今、多くの都市生活者がそんな田舎暮らしに関心を示している。デジタル技術の進歩で、ノートパソコンやスマホひとつあればどこでも仕事ができる業種も増えた。3年にわたって続いたコロナ禍による混乱も、日本人の「暮らす」ということに対する意識を大きく変えた。

これまでの移住は、行きたい側と呼びたい側（行政）の期待が必ずしも一致していなかったように思う。ドライないい方をすれば、前者の期待は自己実現であり、後者の期待は人口回復という数字だ。だが、移住とはある日を境に知らない者同士がともにそこで生きていくことである。そして、共に生きていくには助け合い、支え合うことも必要だ。とびきり強い絆や一体感である必要はないと思うが、なんらかの仲間意識が生まれない移住は、数字合わせの人口流動化策で終わってしまうのではと考える。これは移住政策の途中から加わってきた関係人口づくりという概念においても同じことだろう。

本書の主人公である吉田基晴は、移住・田舎暮らしのスタイルを大きく変えようとしている男だ。吉田は、移住というアクションには創発効果が眠っているという。そして、移住する側と受け入れる側にはそれぞれ天から与えられた役割のようなものがあるはずだとも語る。互いのためにできること、と言い換えても良いだろう。人間の本質的な善性ともいえるその役割意識と役割意識の歯車がうまく噛《か》み合ったとき、何かが音を立てて動き出し、地域に熱量が生まれる。つまり創発だ。

吉田もまた移住者である。〝四国の右下〟と呼ばれる徳島県南東部の美波《みなみ》町で生まれ、一度都会へ出た。30代でＩＴ企業を立ち上げ、40代で故郷へ帰ってきた。Ｕターン移住者ということになる。詳しいいきさつは本文に譲るが、田舎が秘めている意外な可能性に気づいたことがＵターン移住の大きなきっかけだった。

過疎化は大きな社会問題だが、問題や課題はつねにビジネスチャンスである、というのが事業家としての吉田の持論である。実際に吉田は、社員の幸福度を高める〝法人版田舎暮らし〟ともいえるサテライトオフィス誘致を皮切りに、何かと負担が多い地方公務員の業務をＩＴの力で側面支援するサービスなど、全国どの過疎地にも通用する創発のしくみを美波町に根を張りながら広げてきた。そして今、戦後の燃料革命と過疎化の進行によってすっかり荒廃してしまった里山を、昔のような活力ある就労の場に戻し、世界的な目標となっているネイチャーポジティブ（自然再興）につなげる製炭事業に汗をかく。

四国の右下の快男児の奮闘に、しばしお付き合いいただきたい。

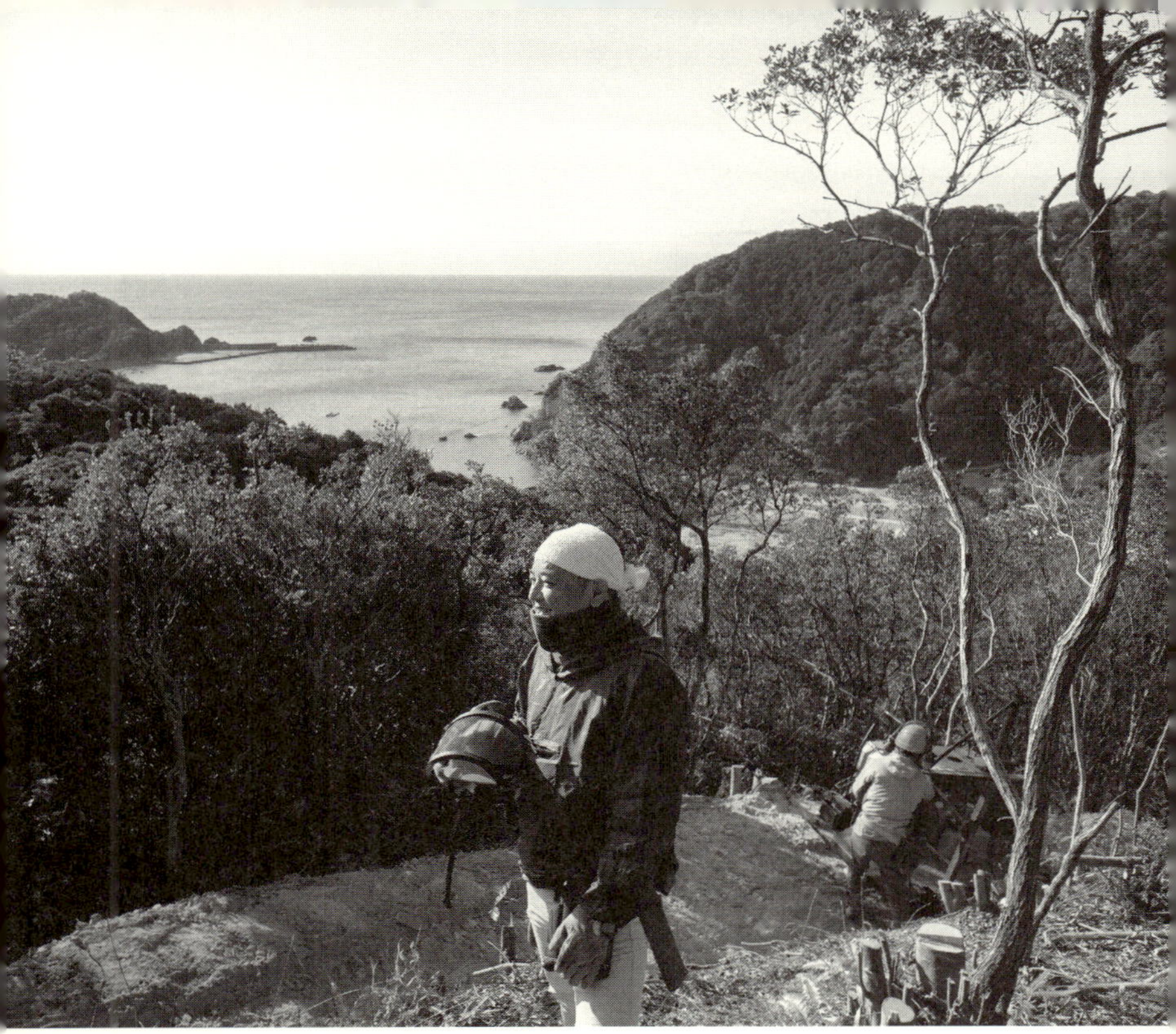

子どもたちが50年後に見る「地域の景色」こそ事業の基軸。

吉田基晴

よしだ・もとはる　1971年徳島県日和佐町（現・美波町）生まれ。神戸市外国語大学卒。オーストラリア放浪の後、複数のIT企業を経てセキュリティソフト開発販売のサイファー・テック株式会社を東京に設立。後に代表取締役。採用力の強化案として新しい働き方を模索中、徳島県がサテライトオフィス誘致に動き出したことを知り故郷の美波町へ。ほどなく本社を移転。企業・起業家誘致、定住促進、人材育成、教育イノベーションなど地方創生に特化した株式会社あわえ、かつての照葉樹型林業を持続可能な社会に向けた新たな循環軸にする株式会社四国の右下木の会社を設立するなど、地方の課題解決に奔走。著書に『本社は田舎に限る』（講談社）。2021年、総務省「ふるさとづくり大賞」優秀賞（総務大臣賞）を受賞。同年、デュアルスクール制度で日本デザイン振興会「グッドデザイン賞」金賞（経済大臣賞）を受賞＝いずれもあわえ。2024年、四国の右下木の会社が第12回環境省「グッドライフアワード」（環境大臣賞企業部門）を受賞。

近年全国的に増えているナラ枯れは、四国でも拡大中。真ん中の黒い部分が影響を受けたところ。早く伐採を進め更新を図る必要がある。

新芽が確認できたが、よく見るとシカと思われる動物に食害された痕跡も。伐採後は一時的に下草が増えるので草食動物を誘引しやすい。

伐採の際は切る位置をなるべく低く、かつ切り株の面の排水性が良くなるよう斜めに切ると、萌芽が出やすく、また枯れにくくなる。

「木を伐るな」では問題は解決しない。今こそ森の位置づけの再考を。

憧れ続けた薪ストーブを設置したことがきっかけで、樵木林業という地場産業の歴史と四国南東部の山が抱える現状を知った。

木の会社のスタッフの多くは林業未経験者。施業にあたり採択したのは、小規模林業家の間で注目されている、山（自然）に負担をかけない自伐型林業の考え方。

雑音を
気にしていたら
新しいことなんか
何もできない。

この日は神戸大学経営学部の学生が、内田浩史教授とともに樵木林業について調査に。机上で学ぶ林業と、現場で学ぶ林業との違いを実感。

あわえの事務所は、明治時代に建てられた銭湯をリノベーションした。

美波町を代表する祭りが、日和佐八幡神社秋季例大祭に合わせて運行される「ちょうさ」。今では移住者も祭りの重要な支え手になっている。

夏の日和佐うみがめまつりには木の会社も出店。樵木備長炭による焼き鳥の販売を行なった。

熱量だけの薪炭事業はやらない。心まで温もる物語を届けたい。

山里にたなびく炭焼きの煙。煙が白いうちはまだ半ば。炭化が進むと青い透明の煙に変わり、においもきつくなる。

左が樵木備長炭で右が樵木薪。ナラ枯れの被害木が多く歩留まりは良くないが、選別の徹底で品質を維持。

1 いつかやろうは大馬鹿野郎

徳島県南東部にある美波町（人口5470）は、〝にぎやかそ〟というキャッチフレーズを掲げている。「にぎやかな過疎」を縮めた造語で、語源のほうの発信者は農山漁村の過疎化問題と地域づくりについて研究発信している小田切徳美さん（明治大学教授）だ。

過疎化には地域活力の低下と同じ響きがあるが、小田切さんは2019年の全国町村会のホームページに次のような内容のコラムを寄せている。

「近年各地を歩くと、人口減少率は高止まりなのに、若者がいて元気な雰囲気の地域によく出会う——」

2013年、テレビ金沢がそうした地域の番組を作り、『にぎやかな過疎—限界集落と移住者たちの7年間』という題名で放送。フレーズが気に入った小田切さんは、以後、人口動態が示す現実と逆のベクトルを描く地域をにぎやかな過疎（地）と呼ぶようになった。

あるとき美波町を訪れた小田切さんは、ほかの過疎地とは異なる活気を感じる。「美波町はにぎやかな過疎ですね」。小田切さんが漏らした一言に、同席した町長がひらめきを覚えて町のキャッチフレーズにしたのである。

美波町のホームページは、「にぎやかそ」の意味を次のように説明している。

美波町は、少子高齢化や人口流出による深刻な過疎化への対策として、平成27年に地方創生総合戦略「美波ふるさと創造戦略 ～共創によるまちづくり～」を定め、美波町らしさを

> 活かした地域振興策を進めてまいりました。
>
> 　都市部のベンチャー企業等を誘致するサテライトオフィス誘致政策や、学童の多拠点就学を可能とするデュアルスクール制度を日本で初めて実現するなど、先駆的な取り組みを進めた結果、徳島県内最多となるサテライトオフィス企業の進出・集積（平成30年11月末時点）や、若者移住者の増加、また、空き家を活用した飲食店などのサービス業が次々と開業するなど、町には変化が生まれ、あらたな〝にぎわい〟が生まれつつあります。こうしたにぎやかな過疎地の姿は、地方創生や若者の新たな生き方を描いた、映画「波乗りオフィスへようこそ」のモデルと舞台となるなど、人口減少の続く過疎地でも可能な地域振興モデルとして全国からも注目を集めています。
>
> 　こうした流れをさらに拡げるべく、美波町が目指すまちづくりのあり方を、町内外に明確に伝えるキャッチフレーズ「〝にぎやかそ〟にぎやかな過疎の町美波町」をこのたび策定いたしました。

　美波町が未来の羅針盤に据えた「にぎやかそ」の基礎を築いたのが、これから紹介する男、吉田基晴である。都会のベンチャー企業誘致も、デュアルスクール制度も、空き家を活用した新たなサービス業の展開も、この男がスケッチを描いて町とともに形にした。

　映画『波乗りオフィスへようこそ』は、にぎやかそを目指していく美波町を舞台にした作品だが、主人公のモデルもまた吉田である。それらの実績から感じる印象は、近年地方創生の舞台で注目を集める、いかにも怜悧《れいり》なIT系コンサルタントやローカルデザイナーといったところだろうか。

ところが、待ち合わせ場所に現われた吉田は、スパイク足袋に紺色のアノラック、日焼けした顔にタオルの鉢巻きが板についた、いかにも〝地のおっさん〟。車は軽トラで、荷台にはチェーンソーや山仕事の道具が載っていた。

挨拶もそこそこに案内されたのは、眼下に太平洋が広がる小高い照葉樹（※）の山の稜線《りょうせん》だった。

自然を同じくする地域共通の課題のひとつが森林問題

「株式会社としては3つ目の立ち上げですね。社名は、『四国の右下木の会社』といいます。1社目の『サイファー・テック』はITセキュリティの企業。2社目の『あわえ』は過疎地全体をサポートし、美波町で開発した地域課題解決の処方箋を全国へ届ける企業です。もうひとつ、『ミライの学校』という教育支援の一般社団法人も持っています。今日のこの時間は、四国の右下木の会社代表の吉田として来ています。現場のスタッフからは、ちょくちょく来られても足手まといになって迷惑や、来んでええと思われているかもしれませんけど」

吉田は、いたずら小僧のように目をくりくりさせて笑う。

※照葉樹　常緑広葉樹のこと。

あわえ、という雅《みやび》な雰囲気の社名の由来は後に詳しく説明しようと思うが、四国の右下木の会社も、なかなか個性的というか風変わりな名前だ。

美波町を地図で見ると、まさに四国の右下にある。四国の右下という表現は徳島県の南部総合県民局が情報発信の際に使い始めたものらしく、阿南《あなん》市、那賀《なか》町、美波町、牟岐《むぎ》町、海陽町の1市4町を指す。このエリアは自然環境がほぼ同じで、それゆえに共通の課題も抱える。その象徴が山の問題である。

「このあたりの山はウバメガシ、カシ、シイ、ツバキといった照葉樹が中心で、江戸時代から昭和30年代までは薪《まき》や炭にして京阪神に送り出していました。農閑期の副業ですが貴重な現金収入で、樵木《こりき》林業と呼ばれていました。全国的にも特徴ある林業で、日本森林学会の林業遺産にも登録されています」

昭和30年代というのは燃料革命の起きた時代だ。プロパンガスや石油、電気が家庭エネルギーの中心となり、薪炭《しんたん》の需要はほぼ途絶えた。多くの山国は、当時国が盛んに旗振りをしていたスギ・ヒノキの拡大造林に舵《かじ》を切ったが、四国南東部の海岸沿いはもともとスギ・ヒノキの適地が少ない。照葉樹はそのまま齢《よわい》を重ねることになった。

会社設立の準備中にがん宣告。手術前の病床から書類を出す

「シイが巨木化してほかの木を圧倒したことで山が暗くなり、下草も生えなくなりました。備《びん》

長炭《ちょうたん》の原料として有名なウバメガシは、太くなりすぎてしまいました。老木から広がるといわれるナラ枯れも目につくようになりました。伐って新陳代謝を図らないと資源価値がなくなり、ＳＤＧｓに掲げられている生物多様性も保てません。

地元の人が山に関心を向けなくなったことで、後先を考えない業者による無秩序な伐採も横行しています。もともとこのあたりは台風や雨の多い地域。近年は降り方が暴力的になっていますから、山自体が水害の引き金になる危険性が高まっています」

吉田は、四国の右下木の会社を立ち上げた動機をこのように語る。

徳島県のサテライトオフィス誘致計画を知り、故郷の美波町へ戻ってきて10年余り。最初の会社、サイファー・テックは立ち上げから20年が過ぎた。消長めまぐるしいＩＴ業界ではすでに老舗といって良い。本社移転を機に、田舎が抱えているさまざまな課題を知り、それらを解決する会社、あわえを立ち上げたのは10年ほど前。前述のように映画のモデルになり、２０２１年度の国の『ふるさとづくり大賞』では総務大臣表彰を受けた。

３つ目の株式会社、四国の右下木の会社の設立は２０２１年の４月だ。なんと、ステージ４の大腸がんの手術を控えた病院のベッドで行政書士に託す書類に判を押したのだという。

４期はすでにほかの臓器まで転移しており、進行度を示す5段階のうちの最終ステージ。治療はほぼ困難とされており、５年生存率は20％を切る。発覚したのは２０１９年８月。健康には自信があったつもりだが、頻便や疲労感が気になって受診したところ、すでに４期のがんであることがわかった。

「僕の場合は大腸から肝臓に10か所ほど多発的に転移していて、このままでは手術ができないといわれました。無治療で1年、抗がん剤を使った延命治療で2年くらいがひとつの目安だともいわれました。そりゃあ衝撃ですよ。目の前が真っ暗になりました。子どもには田舎の自然の中で体験させたいことがまだまだある。僕が美波へ帰ってきた理由のひとつは、そこですから。会社も社員が増えました。それぞれの社員には家族があるので、責任の重さは増すばかり。そして、山で起きている問題をビジネスの手法で解決する木の会社を興そうとしていた、まさにその矢先ですからね。

セカンドオピニオンで訪ねた病院でも診断結果は同じでした。完全に見放されたと思いました。西に神の手がいると聞けば会いに行き、東に奇跡が起こったと聞けば飛んでいきましたよ。無認可の高額の薬からおまじないのようなものまで、人ががんに効くと勧めてくれたものはなんでも飛びつきました。がんに関する本も、１００冊は読んだんじゃないかなと思います」

だが、奇跡が起き始めているような実感は一向に訪れない。あまりにも無責任な世間の言説と、人の不安につけ込む健康商売のあざとさ。そんな情報にも、藁《わら》にもすがるような思いで飛びついてしまう自分にも嫌気が差した。周囲の憐《あわ》れみの視線は嘲笑に思え、身近な人の激励の声までが棘《とげ》のように心へ刺さるようになった。

ある日ふと考えた。いずれにしても、自分の命は望む以上に短いのかもしれない。ということは、今の1分1秒はとても大切な時間だ。そんな限りある時間を、ただ運命を嘆き悲しみ、呪いながら消耗していて良いのか――。

後に木の会社の取締役に招き入れることになる親友が、たまたま慶應義塾大学大学院でウィキッド・プロブレム（wicked problem＝解き方も正解もわからない厄介な問題）への対処法を研究していた。自分は何をしたいのか。何に悩んでいるのか。戦略としては何からどのように着手していくのが賢明な選択なのか。「問題との対峙《たいじ》の仕方」を自分自身で客観化するプログラムを、マンツーマンで受けた。

「ふっきれましたね。釣り糸が絡みまくったような心の状態が解きほぐされ、気持ちがすっきりしました」

クリンチで最後まで逃げ続け、病気からの判定勝ちに持ち込む

やはり現代医学に委ねよう。そう決意して再び病院を訪ねると、新しい担当医が、抗がん剤投与を続けるとまれに手術可能な状態に転換できることがある、と教えてくれた。挑戦を決めた。

「がん治療の技術は急速に進んでいますから、近い将来には治せるかもしれません。これは病気とのボクシングだなと思いました。ＫＯでの決着はあえて狙わず、クリンチで15ラウンドまで泥臭く逃げまくり、判定に持ち込む。そうやって時間稼ぎをしながら自分が本当にやりたい

ことを実現すれば、人生は勝ちなんじゃないかなと」

２０２０年3月に抗がん剤の治療を開始。４か月後の検査で、肝臓に転移した腫瘍に変化が訪れていることが確認された。医師も驚くほどの縮退だった。ラジオ波焼灼《しょうしゃく》という治療を受け、次の段階に向けて抗がん剤投与を継続。２０２１年4月20日に大腸と肝臓にある腫瘍の同時切除手術を受けた。３つ目の会社「四国の右下木の会社」を設立したのはその4日前である。手術前日にはなんと東京オリンピックの聖火リレーランナーとして県内を走っている。渋る医師を説得し、病院からの参加だった。

現在は再発抑制の抗がん剤投与を続けながら、３つの会社とひとつの一般社団法人を率い、地元のみならず全国の地方を飛び回っている。

「どなたがいったのか、あるいは書いていたのかよく覚えてないのですが、僕の座右の銘は〈明日やろうは馬鹿野郎〉という言葉でして。ある種の経営格言で、時間を大切にせよ、という意味ですね。僕は病気になってから、これに下の句をつけました。〈いつかやろうは大馬鹿野郎〉です」

やりたいことを今やらずして夢なんて実現できない――。そんな思いで立ち上げた木の会社だが、照葉樹を飯のタネに替えることは想像以上に難しいチャレンジだった。

四国南東部で昭和30年代まで営まれた樵木林業は、柱や板などの建築材を生産する林業ではなく、毎日の暮らしに欠かせない燃料を供給する林業だった。化石資源の浪費で進んだ地球温暖化をはじめとする環境悪化。その反省から生まれたのが持続可能性という言葉だが、選択すべきとされる針路のヒントは、じつは昔の生活の中にある。

少なくとも、江戸時代までの日本は衣食住からエネルギーまでほぼすべてを植物で賄っていた植物立国だった。しかも２００年間鎖国を貫き、国自体が自給自足生活を実践した。当時の日本が理想的な国家だったかどうかは別として、バイオマス資源だけで国が成り立っていた事実は注目されて良い。

樵木林業の歴史は古い。室町時代の受け荷の記録が『兵庫北関入船納帳《ひょうごきたせきいりふねのうちょう》』という関税帳簿に残っている。今の徳島県海部《かいふ》郡・那賀郡沿岸の港から榑《くれ》（※）を積んだ船が兵庫へひんぱんに入港、１年間で１４６回の記録がある。江戸時代に入ると商品経済が発展、ロジスティックスを担う廻船《かいせん》業はますます栄えた。商都大阪を中心に関西の街の規模は大きくなり、基幹エネルギーである薪炭の需要はさらに高まった。

ただ、当時の山林は藩の直轄地で、雑木の山といえども庶民が勝手に木を伐ることはできなかった。徳島藩では運上金を納めさせて村々へ山を貸し付け、樵木を出荷させた。この仕事は農閑期の貴重な現金収入となり、以後のこの地域の基盤的な働き方となっていく。

たとえば昭和30年代、美波町を流れる日和佐《ひわさ》川上流・赤河内《あかがわち》地区（当時は赤河内村）の農家

※榑　一般には屋根を葺（ふ）くための短い割板を指すが、この文書では薪も含められる。

の農業収入は37％にすぎず、全収入の61％が樵木を主とした林業によるものだったという。四国南東部の薪炭生産の特徴は、ウバメガシやカシなどの照葉樹（常緑広葉樹）を商品にしてきたことだ。日本全体で見れば薪炭の原木はクヌギ、コナラなど落葉広葉樹が中心だが、九州南部、四国南東部、紀伊半島南部などの山は暖かい黒潮の影響で常緑広葉樹が多く、それらが利用されてきた。

薪炭用の木は火持ちの良さが求められるため堅く重い木が向く。中でもウバメガシは材密度が高い。生長の遅い木で、同じ太さならほかの樹種より年輪が詰まっている。薪にしても炭に焼いてもポテンシャルが高く、より長い時間安定的に燃え続けてくれる。

ウバメガシは潮風が吹きさらすような乾いた岩場に適応することで生き残ってきた樹種だ。また、伐った後も残った根株からひこばえが芽吹く（ウバメガシに限らず広葉樹に多い特徴ではある）。この芽が胸高直径で1寸（約3㎝）に育てば燃料として出荷できる。サイクルは8年から15年。育った木だけ伐っていく択伐《たくばつ》により永続的な生産が可能になった。元は原生林だった四国南東部の海沿いの山は、こうしてウバメガシを中心とする里山へと変わっていったのである。

だが、室町以来のこの産業システムは昭和30年代に普及し始めた新エネルギー（石油・ガス・電気）によってあっという間に崩壊してしまう。いわゆる燃料革命である。時代に抹殺されたともいえるこのバイオマスエネルギーを、吉田は令和の現代に産業として復活させようとしている。そのために設立したのが四国の右下木の会社だ。

今どき樵木を事業にだなんて、吉田はとうとうくるったか

「まあ、世間から見れば無謀でしょう。今どき樵木林業って吉田はとうとうくるったのかと思うとう人もおるんじゃないですか。でも僕は勝算というのは自分で作るものだと思っています。ビジネスチャンスってむしろ世間が〝今どきそんなこと〟っていっていることのほうに多いものです。そういうところは自分の直感や感性を信じるようにしているんです」

吉田は、手に持った薪の乾き具合を確かめながら、自信ありげにほほ笑む。彼が林業を新しい仕事にしようと思ったきっかけは、単身での移住を経て家族で美波町にUターンすることを決意したときだ。両親と同居するため商店街にある実家をリフォームした。

「僕ね、あんまりインテリアとかには興味がないんですよ。嫁さんには好きに改築していいよ、ただ、ひとつだけわがままを聞いてくれっていったんです。それが薪ストーブの設置です。ずっと昔からの憧れなんですわ。焚き火もそうだけど裸火っていつまで見ていても飽きない。いつか薪ストーブのある暮らしをしたいと思っていた。チャンスがとうとう来たわけです（笑）。

ストーブを据え付けた。気温も下がってきた。すぐにでも焚きたいですよね。ところが薪のことまで頭が回っていなかった。慌てて生木を割っても、水分が抜けきるまで1年以上かかるのでその冬は薪に使えません。結局、乾燥した薪を購入しました。驚いたのは温暖といわれる

徳島のこのあたりでもひと冬に薪代が15万円もかかったことです。薪ストーブってこんなにお金がかかるんかと思いました」

徳島県が始めたサテライトオフィス誘致事業は、高速ブロードバンドとデジタル技術を組み合わせればビジネスの地域間格差さえ超越できるという実証実験であると同時に、自然豊かな地方で暮らすことで社員のウェルネスを向上させる働き方改革の先取りでもあった。吉田が、経営するＩＴセキュリティ企業の分室を故郷の美波町に設けたのは、こうした動きへの呼応だった。

Ｕターンのもうひとつの理由、それは子どもたちの自然体験

しかし、サテライトオフィス開設の翌年に本社機能ごと会社を美波へ移し、家族を連れてＵターン移住することを決めた大きな理由は子育てである。吉田には女子と男子のふたりの子どもがいる。美波町に住民票を移したのは、息子が小学校へ入るタイミングだった。

「僕が少年時代に体験したようなことを子どもたちにも味わわせてやりたかったんですよ。釣った魚を刃物で捌《さば》いて焚き火で焼いたり、川に飛び込んで泳いだり、鶏を飼ったり。楽しかったですね。あのころの夏休みはまさに黄金の日々でした。僕の人生観のほとんどは、子どものころに形成されていると思います。

アウトドアってたかが遊びですけど、人間にとって大事な経験だと思うんです。２０１９年、

僕はステージ4の大腸がんであることを宣告されました。手術は不可能といわれましたが、たまたま抗がん剤がうまく効いて摘出手術を受けることができた。今は治療を続けつつ寛解《かんかい》（※）を目指しているところですが、自然の中で過ごす時間が一番の療養と感じています」

都会になくて田舎にあるもの。それが自然だ。アウトドアとは自然に内在するさまざまなすばらしい価値と出会うための扉だと吉田はいう。その可能性はなかなか目に見えにくいが、おそらく産業や経済にもつながっている。

「買った薪をひと冬焚いてみて思ったのは、なんと贅沢な趣味なんやということでした。ここらでは親戚とか知り合いに声をかければ原木がわりと簡単に手に入るんですよ。役場に聞くのも方法です。町道の支障木の撤去で出たものなどをもらえることもあります。そういう木を自分で切り、自分で割って積み始めたんですが、いざ作り始めるとなかなか大変で。でも、体を使って汗をかくのも薪ストーブ生活の楽しみだということが実感できました。

重労働さえ喜びに転換できてしまう。趣味の力ってすごいなと感心したのですけど、ふと考えたんですね。自分で原木を調達して薪を作ることは美波町のような田舎では可能だけれど、たとえば地方でも住宅街のような土地だと難しいんじゃないかと。薪割りも最初のうちは楽しいけれど、年齢とともにしんどくなっていくかもしれない。

ふとそう思って、薪を購入している人って世の中にどれくらいいるものだろうと調べてみたんです。数字で把握できたわけではありませんが、あちこちで売買されている。マーケットが

※寛解　完治と断定はできないが症状が解消すること。

確実に存在することがわかりました」

薪作りを続けているうちに見えてきたことがもうひとつある。樹種の違いだ。薪ストーブのマニュアルを読むと、理想の薪はコナラやクヌギ、ヤマザクラだと書いてある。しかし、これらの木は美波町周辺の山には少ない。

「そのかわり、ウバメガシとかカシのような常緑広葉樹は多い。これらも薪としては第一級の木であることがわかったんです。調べていくと、僕が生まれるちょっと前まで、このへんではこういう木を薪や炭にして売る仕事が続いていた。樵木林業といって、日本森林学会の林業遺産にも登録されている。子どものころに遊んだ山が特別な存在……そう、宝の山のように見えてきました」

興味が興味を呼ぶ形で、山のことやかつての産業構造などさまざまなことが見えてきた。照葉樹の山から伐り出された樵木は、船で京阪神へ運ばれ400年以上も都市を支えていた。大正時代、このあたりの樵木は高級ブランドでほかの産地よりはるかに高値で取引されていたこともわかった。

点でしか見えなかった地域の課題が像を結んで見え始めた

もうひとつの驚きは、子どものころから熱中した日和佐八幡神社の秋祭りである。「ちょうさ」と呼ばれる8つの太鼓屋台が町内を練り歩き、最後は太平洋に飛び込む勇壮な祭りだ。江戸時代から続くこの祭りも樵木に関わりがあることを知った。お金を出してちょうさを作らせたのは樵木で財を成した地元の廻船業者だったのだ。

「そうか、ちょうさって薪炭の生み出した祭りだったのか。薪ストーブがきっかけで、自分が知らなかった地元の自然、歴史、文化のことが次々にわかり始めました。燃料革命でその樵木林業が衰退した結果、今、木が老いて大木化し台風などで強風が吹くたびに倒れたり、近年全国的に広がっている虫害で枯死しています。かつてこんなことはなかったそうです。樵木林業は択伐矮林《たくばつわいりん》更新法と呼ばれ、皆伐をしないんです。利用できる太さに育ったものから抜き伐りしてきたので、背の低い若い木を中心に森を維持できた。台風にしょっちゅう襲われる地域の知恵でもあったんです。

もうひとつ知ったのは、そういう状況であるにもかかわらず、一部で場あたり的な利用がされていることです。問題は伐採方法が皆伐で、搬出も荒っぽくて持続的とはいえないこと。

点でしか理解できなかった課題がだんだん線でつながり、頭の中に像として浮かぶようになりました。知った以上やらんとあかんという義務感…いや、それより面白いという直感かな」

吉田は樵木林業の復活に乗り出した経緯をこう振り返る。ただ、面白いというだけではビジネスにならない。

「そもそも薪炭は儲かるんか。普通に考えれば否ですよ。田んぼのお米もそうですが、ずっと熱量という機能でしか評価されてきませんでした。エネルギーや主食穀物は、あらゆる財の中

※択伐矮林更新法　常緑広葉樹林の伝統的な施業方法。胸高直径1寸（3㎝）以上の幹だけを伐って薪炭に利用する。災害に強い森林になる。

で最も安くあるべきだという暗黙の前提があります。

けれどここ美波町では、山の木が歴史、文化、生活といろんなところにつながっていた。地域の要であり生きざま。そのストーリーを価値として認めてくれる人はいると思うんです。たとえば薪ストーブのユーザーであり、キャンプを楽しんでいる人たちです。エネルギーの背景にある持続可能の物語を理解してくれる人は、今はまだ多数派ではないけれど確実に存在する。樵木の薪や炭には、熱量としての温もりだけではなく心に届く共感の温もりもある。そこに強い可能性を感じるんです」

環境への負荷が低く、生産性が極めて高い。このしくみはＳＤＧｓが目指している方向そのもの。資源ポテンシャルも高い。たとえば料理人だったら、これだけ物語性のある素材とチャンスを与えられて胸が高鳴らない人間はいないはずだと語る。自分だったらどう料理して付加価値を高めるか。それが吉田という起業家の考え方だ。

美波町へ来るたびに感じるのは、景色の濃さだ。黒潮由来の藍も色合いに深みを与えているが、山肌を覆う照葉樹の緑もそれに負けない強さがある。空の青と海の藍、森の碧《あお》。そして雲と波の白。南国の光は眩《まぶ》しいが、どこか風のように心地よい。

この日、私は吉田に連れられ海岸沿いの森を見て回った。最初に案内されたのは小さな浜のキャンプ場。吉田は林の小径《こみち》に生えている1本のウバメガシの前で立ち止まった。

「大きいでしょう。みごとなものですが、じつはウバメガシもここまで育ってしまうと厄介なんですよ。近年はカシノナガキクイムシという虫によるナラ枯れが広がっていて、とくに老木が被害を受けやすいといわれています。ブナ科樹木萎凋《いちょう》病という伝染病です。この場所は地区の人たちの生活エリアです。台風の多いところなので突然倒れたりする前になんとかしておきたいところですが、こんなに太くなると伐るのも運び出すのも大仕事。ウバメガシはとてつもなく重い木ですから。結果として先送りされる。こういうことも、小さいけれど今の田舎が抱えている課題のひとつなんですよ」

同じことは山の中でも起きている。次に訪れたのは、地元で最もウバメガシの密度が濃いと吉田がいう南阿波サンラインという観光道路沿いの山だ。

「海に落ち込む斜面で育ったウバメガシは値打ちがあります。岩盤で栄養が乏しく、土は乾いている。生長は遅いですけど材の密度が高くなります。つまり炭素分がより多い重いウバメガシになる。ストーブや焚き火の薪にすると火持ちが抜群で、備長炭の材料としても理想的といわれています」

吉田が設立した四国の右下木の会社は、薪と備長炭の生産販売を事業の骨格に据えている。一般に林業は伐採と製材、製品販売が分業化している。というより世の中のビジネスのほとんどはアウトソーシングが前提だ。餅は餅屋というように、得意な技術を持つ外部集団に発注したほうが何かと効率が良いからだ。

しかし、分業化も進みすぎると軋《きし》みが出る。近年、都会の若者の間で林業が注目されている。田舎側が寄せる期待は高いが、離職率もまた高いという実態がある。背景のひとつには、自分の携わっている山の仕事が、社会とどうつながっているかが見えにくいという現実がある。

今の若者は仕事を通じて社会に貢献したいという思いが強い。都会から田舎を目指すひとつの理由もそこにある。林業には国土の保全という大義名分があるが、仕事の流れが細切れになった現実の中ではその正論も実感しにくい。

分業制度を見直して一貫生産に舵を切る林業経営者もいる。販売先の開拓など新たな挑戦が必要だが、流通が主導権を握る構造から脱することができれば中間マージンも減らせる。自然に配慮した管理を心がけている山の人たちや、誇りを持って家を建てている職人たちの努力に見合った金額を払うことが可能になる。何より自分たちが目指す林業はどんなものかを示すことができ、思いがそのままブランドになる。

吉田が目指しているものも、おそらくはこれに近い。四国の右下木の会社は、そうしたしくみの確立を木質エネルギーで実現しようとしているのだ。

木を伐って利用しないと森はかえって虚弱化してしまう

斜面の途中で立ち止まった吉田が、木を見上げながらいった。

「ここのウバメガシ林は純林に近いので資源的には最高なんです。ただ、仮に伐採許可を得たとしても課題が多い。ひとつは傾斜。かなり急で一面が岩盤です。危険を伴う高度な作業になると思います。昔は海に落として船で引き揚げたそうですが、今の時代はそういうこともなかなか難しい。

もうひとつの珠《たま》に瑕《きず》は育ちすぎですね。さっき見た太いウバメガシの問題と同じです。いつ枯れてもおかしくないし、手を付けずに置けば病気のキャリアになってしまいます」

樵木の施業方法はシンプルだ。照葉樹が持つ生命力を活かし、一定の太さにまで育った幹だけを伐り出す。根株が生きていれば残した細い枝や脇から生えた芽が大きくなり、8年から15年後に再び伐ることができる。

ただし、萌芽《ほうが》更新と呼ばれるこのサイクルがうまく回るのは木が若い時期から利用されている山だ。伐りどきを逃して老いた木は、更新を図ろうと伐採しても萌芽力が衰えていることがわかってきた。つまり木を利用しないことは森の虚弱化を招いてしまうのだ。

「森を育てる、木を活かすっていいますけど、口でいうほど簡単なもんやないですね。こんなふうに山を回りながら方策を練っていたら、変な噂が立ち出したんですよ。吉田は首を吊る気だと。ときどき森の中で思い詰めたように上を見ているのは、ロープをかける枝を探しているに違いないと（笑）」

起業からおよそ1年がたったところだが、木の会社はまだ商品を販売する段階に至っていない。どんな分野であれ新規事業というものはリスクを伴う。周囲には期待を寄せる応援者がいる一方、何事も皮相的に見る者がいる。ロープをかける枝を探しているというのはブラックジョークの類だろうが、既成概念を打ち破ろうとするチャレンジャーに対する、世間の屈折した冷笑主義も透けて見える。

いずれにしても、行政から受注した森林資源調査などの委託事業以外、木の会社はまだ収益を出していないということは事実だ。複数にまたがる山の所有者を調べて伐採交渉を進めることを皮切りに、伐採と搬出に必要な機材の購入、作業道の開削、ストックヤードや事務所の用意、備長炭を焼く窯の建設と、吉田はほぼすべてを同時進行の形で進めてきた。どれもが初めての経験で、金も羽が生えたように飛んでいく。原資は自己資金と金融機関からの借り入れ、そして補助金である。

樵木林業の再生は、どこかウイスキー造りにも似ている

どんな事業にも目標の期限がある。3年で黒字化というあたりが、一般的に求められる数字だろう。吉田もシミュレーションの結果を参考に3年をひとつの節目に考えている。だが自然相手の仕事はしばしば予期しないことが起こる。また、樵木林業自体が辛抱強さを求められる仕事だ。今伐った木の株が、次に薪炭材を生むのは早くても8年先。収支を含めたすべての計画を、この気が遠くなるようなサイクルに組み込んでいかなければならないのだ。

吉田のやろうとしている事業は、どこかウイスキー造りにも似ている。今でこそ国産ウイス

キーを造る小さな蒸留所は各地にあるが、過去に成功者が限られたのは、無事に熟成して資金回収ができるようになるまでに途方もない年月がかかったからである。軌道に乗せた会社でさえ、創業時の血のにじむような苦労は語り草になっている。

ネズミの時間のように過ぎたこの1年間を、吉田は次のように振り返る。

「実績はまだ何もないといえば何もないですし、長期的に見て大儲けできるビジネスでもない。けれど意義や意味は確実にある。こういう商品が欲しいと思ってくれる人は必ずいる。この確信は、ITセキュリティのサイファー・テックの設立時よりも、故郷の美波町で地域問題を解決する処方箋づくりを行なう会社の、あわえを起こしたときよりもむしろ強いです」

まだなんの実績もないのに、木の会社にはいろんな人が訪ねてきてお手伝いしたいといってくれるんですよ——。吉田はそういって口元を緩ませる。私が訪ねたときも、本来なら大企業へそのまま行けるような経歴を持つ工学系の大学生が居候していた。

スタッフも、大々的に募ったわけではないのに自然に集まってきたという。そんなひとりが林宏通である。

林は東京からの移住者だ。医療系の会社に勤めながら休日には八王子を拠点に里山整備を楽しんでいた。移住を志した理由は子どもの教育だった。東京時代は「森のようちえん」に通わせていた。小学校をどうするかと考えたとき、夫婦の頭に浮かんだ存在が阿南市にある自然スクールTOEC《トエック》。叱らず、褒めず、比較も評価もしない。遊びと自主性を大切に、認め、見守ることを方針にしているフリースクールである。

徳島への移住を考えたとき、林夫婦の情報アンテナに引っかかったのが吉田の経営するあわえだった。それに紐付《ひもづ》く形で入ってきたのが新しい系列企業・木の会社の話である。林はいう。

「僕はずっと森林に関心があり、林業の魅力的な部分もがっかりする部分も外から見てきました。林業はもっと先を見据えるべきだと思っていました。樵木という昔の知恵を未来に活かそうという木の会社の考えには、人生を賭けてみる価値があると思ったんです」

アマチュア上がりながらも、林は現在、木の会社のチーフフォレスターとして伐採現場の指揮を執っている。

道を開削するためにユンボで抜いた切り株を植え直す男

もうひとりユニークな男がいる。坂東農史《あつし》という。近くの海陽町在住で、税務署には林業サービス業で届けを出している。地域の依頼に応じて個人で伐採の仕事をやっていた。チェーンソーで木を根元から伐り倒し、重機で運び出すこと自体が好きなのだという。吉田が出会いを語る。

「坂東君は一日中でもユンボ（※）に乗っていたいという、ある種の変態なんですよ（笑）。彼は製薪や製炭をやりたくて僕のところに来たんやないんです。ある朝、あわえの事務所の前にぽつんと立っていまして。サーフィンの先輩から、日和佐に吉田という男がおって木の会社

※ユンボ　油圧ショベルカーの通称。

というのを新しく始めたと聞いたので来てみたと。直感で、真面目な男だと思いました。自伐型の山作り（※1）をやろうとしていると聞いて、とにかくやってきました。僕もそういう林業がしたいんです、と。アポなしやったんであらためて来てもらうことにしました。次に来たときは奥さんを連れてきました。ああ、これは本気やなと。いずれにしても、こういう技術を持つ人材は喉から手が出るほど欲しかった。自営でやってきたということだったので、社員ではなく事業パートナーになってもらいました」

その坂東のユンボ使いを見て驚いたのが、扱いの優しさだ。今の現場は半世紀近く人の手が入っていない山だ。木を伐り出すための林道はない。かつては木馬《きんま》（※2）で運んだのではないかという。伝統的なやり方を尊重するといっても効率化は必要だ。フォワーダという急斜面でも動かせる運搬車両の利用は大前提。これを行き来させる作業道を作るにはユンボも欠かせない。だが、力まかせに開削した道は環境へのダメージが大きい。寿命が短く災害の原因にもなる。

購入したユンボは30と呼ばれる小型機だ。作業道を切り開くには、行く手を阻む石や切り株を掘り起こす必要がある。坂東はいかにも楽しそうに操縦レバーを動かしているが、ふと気づいたことがあった。バケットの爪で掘り起こしたシイの木の根株をそっと谷側へ寄せ、わざわざ土砂で根を覆っているのである。そう、移植していたのだ。

「普通、こういう切り株は斜面の下にほかすんですよ。でもシイのような広葉樹は生命力があ

※1自伐型林業　採算性と環境保全を高い次元で両立させる林業経営。
※2木馬　伐木を積んだ橇（そり）状の運搬具。それを滑らせる木の線路や架橋は木馬道（きんまみち）。

るので、抜いても埋め戻せばまた根を張るんです。縁に植えれば道が強くなり、何年後かの伐採のときまた使えます。これ、先生の教えなんです。僕らの作道の先生はすごく自然を大事にします。作業中にミミズやサワガニが出てくると機械を止めて手で脇へどかすんですよ」

坂東のいう、生きものへの配慮を大切にする道作りの先生とは誰だろう。これは気になる話である。

2

森を殺さない林道

四国の右下木の会社のメンバーの道作りを見ていて驚いたのは、生命に対する気遣いだった。山の中に作業道を開くとき、じゃまな木は重機で抜根する。彼らはその根株をわざわざ谷の脇へ移して土を寄せていた。広葉樹であれば再び根づき、やがて道を補強する生きた杭《くい》になってくれるというのだ。

技術的にも理にかなうことなので腑《ふ》に落ちる。しかし、重機を動かしているそのメンバーから「僕らの作業道の先生は、ミミズやサワガニが出てくると手でどかすんですよ」と聞いたときはにわかに信じられなかった。

まるでお釈迦《しゃか》様ではないか。そんなことに遭遇するたびに作業を中断する技術者などいるものだろうか。

「ぜひ会ってくださいよ。父子でやってらっしゃいます。僕が樵木林業の会社を作ることを決意させてくれた方です。考え方の真ん中に自然への敬意があります。僕たちに道の付け方を指導してくれているのは息子さんです」

吉田に誘われて向かったのは、美波町の隣、那賀町の臼ケ谷《うすがたに》という集落。ここに四国の右下木の会社のメンバーらが師と慕う橋本光治《みつじ》・忠久父子の山があった。

橋本家は明治時代から続く林業家で、110ヘクタールの山を所有する。家族だけで管理・伐採・出荷を行なう自伐型林業家だ。自伐型とは一貫経営の意味だが、わざわざそのように称するのは、日本の林業の形がかつてと様変わりしているからだ。

現在の山主の多くは、土地を所有しているだけ。山の管理や伐採は委託された外部業者が行なう。山林経営は本来、その持ち主の家業だった。ところが高度経済成長の終わりごろから状況は変わる。木材価格の低下や若年人口の都市への流出で、林業は次第に担い手不足に陥った。親の死去によって先祖代々の山林を相続したものの、その息子や娘は林業をする意思がない。地元に住んでいない相続人も多い。

そうした現状の受け皿となって影響力を強めてきたのが、作業を代行する森林組合や民間の伐採業者だ。このシステムはいつしか林業の代名詞になった。そんな流れの中でも一貫経営にこだわり、環境保全や持続可能性といった、林業に託された社会的意義も自覚した人たちが、自分たちのやり方を自伐型と称するようになった。

現代林業の主流である受託型施業。その利益を左右するのは一にも二にも作業効率だ。面積を集約化し大型の高性能機械を導入する。作業従事者は雇用で賄う。国もさまざまな名目を掲げて補助金を投じているが、こうした効率優先主義の施策が林業に多くのひずみをもたらしたという指摘は強い。

付けてはいけないところに道を付けてはいけない

橋本父子も参加するＮＰＯ法人自伐型林業推進協会は、その設立趣意書の中で、他者依存と生産性重視、機械の高性能化・大規模化に舵を切った林業の現状に次のような警鐘を鳴らす。

〈その結果、例えば実際は4人雇用するために1億円もの機械投資をし、年間1千万円ほどの修理費を支払い、1日200～400リットルもの燃料を消費する、高投資・高コスト型林業になってしまっています〉

「うちもね、先代のときにはすでに他人頼みの林業になってておったんですよ。僕は婿養子で、もともとは金融機関に勤めていました。家内の延子とはいずれ一緒に林業を継ぐと決めていたんですが、いざ中へ入ってみると驚くことばかりでしてね」

父親の光治は40年前を振り返る。

「祖父が亡くなって数千万円という相続税が降りかかりました。いい木さえ山に残っていればそれほど苦労せず払えたんですが、少なくなっていたんです。110ヘクタールも山がありながら。祖父が明治40年から山を少しずつ買い足しながら造林してきたのですが、義父は業者に丸投げしていました。山主が自ら山へ入らなくなると何が起こるか。まず木を目利きする力が衰えます。請負業者は海千山千ですから、目の前にいい木があって山主の目が節穴だとわかれば伐ってしまいますよ。

良い木ほど将来のために山に残しておけというのが林業家の鉄則だったのですが、どこにどれくらいいい木があるかも把握できていない。僕が継いだとき、出しやすい場所の太い木の多くが伐られ、売り払われていました」

これ以上は減らさないという覚悟で、夫婦は一から山作りに取り組んだという。作業道の重要性、それも自分で作る大切さに気づいたのもこのころだ。

「伐採と搬出を他人に頼むと、仮に木を売ったお金が100万円入っても40万円くらいは払わんといかん。値が良いときでも利益は6割。利益を上げるにはどうすればいいか。自分らでやるしかないと思いました。相続税は15年分割にしましたが、すさまじいプレッシャー。残った木を皆伐して払えば楽になれるとも考えました。そんなとき出会ったのが大橋慶三郎先生でした」

大橋慶三郎は大阪府千早赤阪村の伝説的な林業家である。風化花崗岩《かこうがん》からなるもろい真砂土《まさど》の斜面に〝壊れない〟作業道を高密度に張り巡らせる技術を確立。長期にわたる緩やかな間伐で、山の自然度と木の価値の両方を高めていくことの大切さも提言してきた。

効率優先を選んだ現代林業のひずみの象徴が土砂崩れだ。大型機械を入れるために強引に広い作業道を開削する。

投資を回収する手段として選択されるのは一斉皆伐である。土がむき出しになった道や斜面は地盤が弱くなる。木々がしっかり根を張ることで安全を守ってくれていた山は、広規格作業道の開削を境に地域住民を不安に陥れる脅威となる。

道作りの神様といわれる大橋の考えは、これとは対極だ。理論は明快である。「付けてはいけないところに道を付けてはいけない」。柔らかな真砂土の斜面を細い網目のように走るがっしりとした道を見て、橋本は感動した。

「相続税のことを先生に相談すると、こういわれました。皆伐なんていうもったいないことは絶対するなよ。自分で作業道を付けて間伐を繰り返しながら払いなさい。最初は苦しくても、必ず楽になってくるから、と」

以来、光治は大橋を師と仰ぎ、息子の忠久もその教えに心酔していく。

自然の声に耳を傾けた作業道こそが自伐型林業の活路

「大橋さんの道作りというのは、林業界では轟《とどろ》いているんですか？」

吉田がそう尋ねると、息子の忠久が苦笑いをしながら答えた。

「はっきりいうと異端ですね。普通はあんな道を付けようと思わんでしょう。曲がりくねっているし、狭いし、走りやすい道ではない。けれど、それは地形などを重視しているからです。山に無理な負荷をかけると作業道は長持ちしない。作業をする人間が自然の声なき声に耳を傾ける謙虚さを持てば、山はそれにきちんと応えてくれる。これが先生の教えです」

大橋式作業道作りにはいくつかの要点がある。まず、遠回りになっても道は安定した地質のところに計画し、斜面の開削は最小限にとどめる。幅は2ｔトラックが通れる2・5ｍまで。道幅を広くとるほど削り出される土の量が増え、地盤が弱まる。道の面積が広がると叩きつける雨の量も増えるので土は緩みやすくなるが、2・5ｍ以内の幅だと道の真上をつねに樹冠が覆い、雨傘の役目を果たしてくれる。

差し込む木漏れ日の量も少ないので、路床には植物が生えにくい。つまり、草刈りに追われることがない。

「うちの場合は幅2・3mですが、そのやり方で延べ30kmの作業道を開いてきました。道の草刈りは1回もしたことがありません。せんでええんです。ところがこの道幅を3mにすると、どっと草が生え出します」（光治）

つまり2・5mというのは計算し尽くされた幅なのだ。山側の切高《きりだか》（切り取り法高《のりだか》）は1・4mまでにする。この高さまでなら垂直に切っても崩れない。表面はやがてシダや苔が覆い、土の流失を防ぐ緑のカバーになる。切高をその程度に抑えると、山側ぎりぎりに残した立ち木が自らを支えようと路床の下を伝って谷側へ根を伸ばす。道はより強固になっていくのである。

ヘアピンカーブを作るときは上下の道を早くから離す。間が狭いほど崩壊の危険が増すからだ。カーブの路面は、サーキットのバンクのように外側を高く内側を低くしたほうが走りやすいと思われがちだが、逆だ。内傾させると雨水が絶えずそこを伝うので路面が洗われる。そもそも木を満載したトラックはゆっくり走るため遠心力を考慮する必要はないのだ。カーブの路面が内側に傾いていると、かえって荷崩れや転落を起こす危険があるという。

父の光治が記憶をたどる。

「大橋先生には、15年ほど年に2回くらい徳島に来ていただいて指導を受けました。先生は半日で500mから1kmもルートを付けてしまう。口癖は、自然を味方につけろ、でした。橋本さん、わしがでたらめに道を入れとると思っとるだろうと。違うんぞ、山が、木が、土がここに道を通してくれと地面に書いとるんぞとおっしゃる。そういう境地にはいつたどり着けるんだろうと当時は思っていましたが、30年たったくらいからですかね、この地形ならこのルート以外にないと自信を持って決めることができるようになったのは」

「その木も役目をしとんぞ」。祖父の一言にも教えられる

師の大橋が持つ知見は別格だが、昔の林業家は誰もが山川草木の存在をつねに意識していたと光治は語る。

「僕が婿に入ったとき、祖父と一緒に山を歩いたことがあるんです。シイだったと思いますが、直径3cmくらいの雑木があって、僕はなんの気なしにそれを鉈《なた》で切った。歩くのにちょっとじゃまやな、くらいの感じだったと記憶します。それを見た祖父がぽつりと呟《つぶや》いたんです。その木も役目をしとんぞ、と。雑木1本にも生えている意味があり、回り回って林業の役に立っているという意味だと受け止めました。

スギ、ヒノキに影響を与える木や蔓《つる》は伐りますが、生えていても支障のないものは残す。鳥もモグラも、花も虫も、生きている存在にはすべて意味がある。そう思うようになったのは、祖父のこの一言もきっかけです」

息子の忠久が、家に戻り林業を継いだときのエピソードを話してくれた。

「親父にいわれたのは、木1本たりとも傷をつけるな、石ひとつも落とすな、ミミズ、サワガニも1匹たりとも殺すな、でした。ハテナだらけですわ。でも自然を意識していると、こういう地形はサワガニが出るなとか、ミミズがおるってわかってくるんです。必要以上に山を傷つけない。そういう思いで丁寧な道作りをしていると、重機の操作技術もおのずと上がるんですよ」

生きもの同士のつながりを含む、自然の気配をどう感じるか。そんなセンスが再び林業に求められる時代が来ているのは確かだ。橋本父子の話を聞いていた吉田が、しみじみいった。

「僕は地方の課題解決に取り組む『あわえ』という会社も経営しているわけですが、つねに視野に置いているのは、自分の子どもたちが大人になったときの地域の景色です。その思いは四国の右下木の会社でも同じで、まず50年使える道を作ろうと語り合っています。50年後の姿を僕らは実際には見ることができないかもしれません。でも、意志を持って計画を進めていけば必ず実現できる。それが、橋本ファミリーから教えを受けて確信したことですね」

四国の右下木の会社のメンバーは、山へ入る前に必ず東西南北に礼拝する。師の忠久に倣ったもので、忠久は父の光治の背中を見て行なうようになった。最初は形式的な所作だったかもしれない。だが、心を込め続ければ型も本質に向かう。「学ぶ」の語源は「真似ぶ」だという説を思い出した。

吉田が師と仰ぐ徳島県那賀町の林業家、橋本光治・忠久父子。その経営の柱となる樹種はスギだが、持ち山はいわゆる人工林のみではない。父親の光治が詳細を説明してくれた。

「うちが林業を始めたのは明治40年。僕の義理の祖父の代です。たまたま古い木が多い山を手に入れることができたんですね。ここらは昔、植林をしていませんでした。伐採跡に種から自然に芽生えた苗を後継木として育て、使った分を補っていく。そういう循環型の管理を続けてきたわけです。うちは広葉樹も大事にしています。ですから、樹種構成から見た形態としては針広混交林ということになります。

僕は全国あちこちの山に行かせてもらっていますが、こういう山が残っているところは少ないです。奈良県吉野地方のスギは人工林としての歴史があり、技術にもすばらしいものがありますが、あの形だけを真似てもだめですね。うちにも一部、義父の代に試みた植林エリアがあります。僕も作業を手伝いましたが、あれはしんどい。割に合わんですな。一斉に伐って一斉に苗を植えると、数年間は草刈りばかりに労力を奪われます。

計画的に択伐をしていけば、植え付けも草刈りもせんでええんですよ。伐った後に差し込む木漏れ日で新たに芽生えたスギが育っていきます。光には限りがあるので、草や蔓も若木を圧倒するほどは生えません。

結論としては、一様ではない樹々の関係性を見据えながら、伐るか残すか1本ずつ決めていくのが一番。かつて、複層林といって太いスギの区画の間に苗を植える方法が奨励されました。

皆伐のデメリットを防げるということでうちでも試しましたが、ええ木にはなりませんでしたな。単一化《モノカルチャー》という考え方自体に限界があるように思います」

尾根筋はあえて雑木帯にする。これが林業の基本だった

橋本家の林業を象徴するのが尾根筋の風景である。稜線から10〜20m付近はスギ以外の樹種からなる。つまり雑木帯になっている。戦後の拡大造林政策以降、多くの山では尾根までスギやヒノキが植えられるようになったが、これはかつての林業の常識に反することだったという。光治の義祖父はこの一斉皆伐・一斉植林という考え方に終始反対したが、義父の代に管理を業者任せにしたことで理念がぶれた。光治夫婦はその方向性を昔に戻した。

息子の忠久が地図を示し補足する。

「このへんがそうですね。稜線付近を雑木にしておく意味のひとつは風対策です。強風はスギにダメージが大きいんですわ。とくに風が強いのが尾根筋なので、広葉樹で緩衝帯を設けておくわけです。とはいえ風の被害を完全に防げるわけではないので、山全体を針広混交林にしていきます。地形や台風の来る方角、木同士の位置を考え広葉樹をスギの風よけに使うわけです」

尾根付近を雑木帯にしておく理由はもうひとつある。樹木は地中深く伸ばした根でミネラルを溶かしながら吸い上げる。全体に行き渡った栄養の一部は、落葉樹の場合、落ち葉という形で毎年まとまった量が自然へ還される。これらは、小動物や微生物の活動により植物が吸収し

やすい成分単位に分解される。厚く積もった落ち葉からなる腐葉土層は森の生物の基礎的な栄養源であり、物質循環と生物多様性の要なのだ。尾根筋に厚い腐葉土層があれば、雨が降るたびに麓方向へ養分がしみ出ていく。針葉樹単一、しかも頂上までスギ、ヒノキを植えてしまうと、そうした供給構造が痩せ細り木の品質にも影響が出てくるのだという。光治が語る。

「調べてもらってみたところ、僕のところの山には樹木や草花が250種類ほどありました。照葉樹林帯の縁にあたるのでカシなどの常緑広葉樹も育ちます。今、カシの需要はありませんが、将来必要とされることもあると考え、素性の良いものは残すようにしています。落葉広葉樹も今はお金になりませんがきっと評価される時代が来る。そう思い、良いものは大切にしています。

これらの考えも、僕の道作りの師匠である大橋慶三郎先生の教えが元です。あるとき先生は僕にこう尋ねました。〝橋本さんよ、スギ、ヒノキのために昼夜働いてくれるすばらしい木があるんじゃが、なんだと思うか〟と。結局答えを示してくれませんでしたが、ヒントの存在は感じました。そのとき先生の山で咲き誇っていたヤマアジサイの群落です。先生はどうやらこの低木を積極的に残しているようだ。でも、問いの答えはヤマアジサイではないなと思いました。落葉広葉樹全体のことを指しているに違いないと解釈し、自分の山でも努めて落葉広葉樹を増やすようにしてきました」

それから20年ほどたった2月。いつものように作業道をゆっくり歩いて巡回していた光治は、垂直に切り取られた山側の土が湿っていることに気がついた。一年で最も雨が降らない乾いた時季なのに、なぜここは濡れているのだろう。よく見ると露頭のクリの木の根毛から水が滴っていた。

冬は樹木の活動が止まるといわれているが、スイッチがオフになっているわけではない。土の中では春に向けた準備が着々と進んでいる。そのためにもおそらく水は必要で、腐葉土層は水を吸ったスポンジのように地中の根に水と養分を少しずつ供給してくれているのではないか。尾根筋を中心に落葉広葉樹を育てておくことは間違いない選択だと確信した瞬間だったという。

苦労して作った理想の道が使い続けられるとは限らない

橋本父子の説明に耳を傾けていた吉田が、会話の切れ目に口を開いた。

「橋本さんの山を見せていただくたびに感じるのは、ミクロとマクロの両方の視点で木を管理されていることです。雑木にも価値を持たせたいというのは僕らが目指す樵木林業にも通じるところですし、持続性には環境的なものと経済的なもののふたつの要素があって、車の両輪のような関係だという考えも我が意を得たりという思い。

何より、橋本さんの山に入ると気持ちがいいんですよ。理屈抜きに。風がよく通り、光もほどよく差し込んでいる。放置された森に漂う閉塞的な不安感がないんですね。広葉樹が多いというだけでなく、将来確実にお金になる実生のスギが後継木として育っている。僕らが目指している萌芽更新型の林業とは形が違うけれど、循環が要であるという点でも同じ。この山に入ると、なんともいえない生命感や心地よさに包まれるんです。人がうまく手を入れると、自然のなりゆきに任せた森よりも森らしい空間が作れる。こういう部分にも林業の可能性があると考えると勇気をもらえます。その基盤が、山に極力負担をかけない細い作業道を張り巡らせる高密度路網という方法で、橋本さんの存在を知ったのも、林業を事業化しようと思い立って勉強を始めたときでした。このやり方しかないと直感し、電話して見学を快諾いただいたのがお付き合いの始まりで、忠久さんには僕らの山で道作りの指導もしていただきました。

その後も僕らなりに試行錯誤して道の距離は延びているのですけれど、進めば進むほど、心配も増してくるというのが正直なところなんです」

吉田の不安は、一言でいえば権利問題である。苦労して切り開いた作業道を10年後にまた自分たちが使うことができるだろうか、ということらしい。橋本家の山は持ち山だ。自分の山だからこそ択伐更新という長期的な視野に立った施業ができる。一方、吉田が樵木林業を始めたウバメガシの山は、持ち主から伐採権だけを得た借地である。

所有者が持て余しているという事情もあって互いの意向が一致し、契約は成立している。ただ、伐採から10〜15年後、残した細いウバメガシや萌芽更新で生長した芽が育って次の伐りごろを迎えたとき、再び自分たちが伐採権を得ることができるという保証はない。

林業全体の中で、道作りはかなり大きな投資になる。橋本父子が信奉する大橋慶三郎が確立した作業道は、山なりの曲がりくねったルート付けゆえ開削に時間はかかるものの、環境負荷が少ないため壊れにくい。トータルでは低コストの技術といえる。ただ、四国の右下木の会社のようなスタートアップ企業にはそれさえも荷が重い。

作業道として永続的に使える技術目標を達成したのは良いが、山の利用権の更新ができないというのは、吉田がなんとしてでも避けたい事態なのだ。

「自然の声に耳を傾け、つねに丁寧な方法を選択せよという橋本さんの教えは、うちのメンバーにとって美学であり誇りで、それを励みに頑張ってくれています。けれど世間一般の経営感覚では、そこまでしても結局は自分の山とちゃうんでしょ、その算盤《そろばん》は間違ってませんか、ということになってしまう。道作りの投資は長期伐採できてこそ回収できるものなので、そこがまずネック。もうひとつの懸念は、効率優先で荒っぽい作業をする業者による山の荒廃です。ネガティブな想定をすると、僕らが自然に配慮しながら作った道を、そういう業者が、これはラッキーだぜ！　といって10年後に使っている可能性もあるわけです」

吉田の目の中に迷いを見た光治が、決断を促すようにいった。

「社長、前にもいいましたけどな、ええ山があったら迷わず買いなはれ。無理をしてでも自分の山を持ちなさい。僕が暇さえあれば道を歩き、落ちている枯れ枝や石ころをのけて水が溜《た》まらんようにしているのも、自分の山に作った道やからです。僕だって、もしこの山が人さんのものならそこまでしませんわ。理想の林業をしたかったら、とにかく自分の山を持つことです」

今は山を持て余している所有者が多いといっても、購入の交渉は一筋縄ではいかない。ひとつの区画を複数の権利者で保有しているケースも多く、まず権利特定に時間がかかる。探偵張りに調査と聞き込みを続けようやく交渉ができると思ったら、相続手続きがされていなかったということもよくある話だ。交渉が成立すれば次は隣接する地主との立ち会いで境界確定となるが、遠方に住む不在地主の場合は立ち会い自体に難色を示す。岩や木を目印に口約束で境界にしてきたような例も多く、確定作業そのものがなかなか難しい。固定資産税の関係だろうか、中には境界を確定させたくない人もいる。

このように山の取得には資金調達以外にも大変な労力を伴う。吉田は、この根本的な課題にどう向き合おうとしているのだろう。


四国の右下木の会社が最初に立木の伐採権を取得した森は高橋山という。作業道の開削と並行して進めてきた伐採は間もなく1年を迎えようとしている。一歩ずつ踏みしめるように坂道を歩いていた吉田は、海を見下ろす尾根に着くと気持ちよさそうに呟いた。

「太い木を伐ったので山全体がだいぶ明るくなりました。樵木林業の昔の教えどおりに直径10cm以下の細い木は残しましたから、うまいこと育っていくんやないかなあ。楽しみですね」

ただ、長い間利用されていなかった山なので、ウバメガシやカシは育ちすぎて太くなっている。備長炭に適した原木は缶コーヒーからビール瓶くらいまでの太さといわれる。太い木ほど材積があるので稼げるイメージもあるが、備長炭の評価基準はやや特殊だ。

位置づけは飲食店向けの高級炭で、等級制がある。丸木のまま焼いた細い炭ほど値が良く、太くなると格が落ちる。太すぎるものは機械で割るが、手間がかかるうえにさらに値段は安くなる。ウナギや焼き鳥などを扱う店では、串が載る幅の細長いコンロに隙間なく収まるのが良い備長炭とされているのだ。つまり、細身の炭ほど火力が均一となり高級店では評価される。

皮肉なことに、最終的には割って安く売るほかはない太い原木ほど重く、運び出しにも労力をとられる。

「太すぎるウバメガシやカシは、いっそ薪にしたほうがコストパフォーマンスはいいんです。薪として燃やしても抜群のポテンシャルがある木ですから、伐採の1サイクル目は炭より薪の生産が中心になっていくと思います」

とはいえ、備長炭が将来的な事業構想の主軸であることに変わりはない。昔のような10年前後の伐採周期を取り戻せれば、おのずと備長炭に適した若いウバメガシが生産の柱になっていくからだ。ただ、高橋山はそれほど広い現場ではない。先々を読み新たな山を順次確保していく必要がある。

「僕らが目指す樵木林業は事業としての継続が大前提です。お金を回収できるサイクルは早いほうがいい。そのためにも、いかに作業道が重要なツールであるかを那賀町の橋本光治・忠久さん父子から学びました。お米を作る農家が毎年畔《あぜ》の泥塗りをしたり草刈りを続けてきたのも、自伐型林業と同じ理由。道というインフラは大事だからです。

ただ、社会的使命感に駆り立てられて、荒廃した山を借り続け、そのたびに一から道作りをするのは火中の栗を拾いに行くようなものです。この投資の受益者は僕たち民間企業だけなのか。そういう問いも世の中に投げかけていく必要があると思っています」

森林は酸素を出し二酸化炭素を吸収する。気候変動対策、治山治水、水源涵養《かんよう》などさまざまな公共性も伴っている。近年はそうした多面的機能を守っているのが林業だという認識が社会に定着しつつある。

水源税や森林環境税・森林環境譲与税といった税を国民から広く徴収して充当するしくみもできたが、そうした補助金の投入先は木材生産の現場である針葉樹林が中心である。間伐が遅れている人工林の整備に防災効果などの名目を抱き合わせているのが実情で、薪炭を生産する広葉樹の林業は配分先の中にほとんど入っていない。霞が関から見れば、木質エネルギーの生産など昭和の半ばでとうに終わっている産業コンテンツなのかもしれない。

人が手を加えた結果として今に残るのが日本の森の姿

日本の国土の7割は森林だが、じつは全森林のうちの約半分は広葉樹林だ。もうひとつ重要な認識は、それら広葉樹林の多くは古くから人が暮らしのために手を加え続けてきた森だということである。千古斧《せんこおの》の入らぬ大森林などというのは文芸上の表現で、該当するような手つかずの森林は標高の高いごく一部の地域にしかない。

日本の森林は有史以来、人が営みのために伐採や火入れを行なってきた生活空間だ。たたら製鉄の広がり以降は、砂鉄や炭材を確保するために斜面の切り崩しと乱伐が進んだ。それら跡地に二次的に再生した植物のうち、利用価値の高いススキ（屋根材・飼い葉・緑肥）、アカマツ（燃料・建材）、コナラ・クヌギ（燃料・腐葉土）などが群落として温存された。このような歴史を経てできた空間が里地・里山である。

中でもコナラ・クヌギを主とする里山は隣接する里地（草地・水田）の環境特性とあいまって動植物の種類が多く、近年は人と自然が共生する理想の生態系として語られる。だがそれはあくまで偶然の産物で、こうした二次的な自然は人が介入をやめたとたんに顔ぶれを大きく変える。吉田はいう。

「世間一般では、広葉樹林は天然林なんやから自然のなりゆきに任せておくのが正しいんでしょ、せっかく大きく育った木を伐るのはかわいそう、という意識が強いですね。じつは僕もこの仕事を始める前までは、どちらかといえばそれに近い認識でした。

都市公園の木や街路樹、国立公園の木と、里山の木の位置づけが社会の中でごちゃまぜになってしまっているように思います。今こそ森林をどう管理すべきかという方向性についての共有が必要です。僕にいわせれば里山って畑なんですよ。大きく育った木は伐らずに愛しましょう的な保全から、伐って新陳代謝を促しお金にしながら守るという方向に誘導しないと、産業化という出口が作れず八方塞がりになる。僕らも頑張りますが、制度的なもの、世論的なものを含めた支援も欲しいというのが正直な気持ちです」

自伐型林業の理想形は、橋本林業の橋本光治が強く勧めるように、自分たち名義の山を所有することだ。農業でいえば、小作の立場から自立した土地持ち農民になるということである。会社の体力に合わせ、これはなんとしてでも進めていきたい。それとは別の軸で、公益機能も付与されている里山の管理に行政の目が向く働きかけをしていく必要もあると、吉田は語る。

「高橋山の次に入る山は、町有林になる予定です。そこは伐期を逃して育ちすぎた太い木ばかりなんですよ。こうした大径木《たいけいぼく》を放置しておくことは地域としてリスクが高い。台風時に災害を誘発しやすいし、ナラ枯れのキャリアになる。運び出しが大変なので薪炭材としての費用対効果も下がる一方。

なんらかの手が必要ですが、最悪手の結果は、大径木を伐りましたが萌芽更新がうまくいかず根株が全部枯れてしまいましたというケース。2番目の悪手は、今は答えがないので手を付けないという選択。つまり問題の先送り。萌芽更新を維持する技術は昔の樵木林業や紀州備長炭のマニュアルにもあるんですが、大径木化した里山を若返らせるノウハウはどこにもない。なぜなら、森を利用するのをやめてしまった歴史は過去にないからです」

窯の温度変化がスマホでわかるスマート製炭技術を開発

老化した木は再生力が低いという話や、幹を高い位置で伐ると萌芽力が下がるといった断片的な報告はあるものの、定量的な数字にはなっていない。四国南東部の照葉樹林は平均で60年生ほど。仮に70〜80年の老木として、それらを伐ったときに70％は萌芽更新するという裏付けがあれば、残り30％は実生《みしょう》で育てた苗を植えて補えば済む。

町有林で事業を進めるにあたり、吉田は1本ずつデータとして記録していこうと考えている。ウバメガシを対象にした施業で一日の長がある紀州備長炭の職人の知恵も借り、産地を超えた資源管理と保全の研究を進める予定だ。

ところで、四国の右下木の会社の樵木備長炭はいつ世の中にデビューするのか。もう間もなくともいえるし、まだ先ともいえる微妙なところにある。

現在の樵木備長炭は、製炭責任者の椎名洋光が高知県東洋町で個人として使っている窯を間借りする形で生産が行なわれている。作業道を開削しながらの伐採であることと、長年利用されなかったことで大径木が多い現状では、薪としてのセールスを優先せざるを得ない事情がある。動きはかなり緩やかだが、その中にはIT企業も経営する吉田らしい技術も導入されている。

「窯の温度変化が自動的にわかるようにしたんです。今まで、窯の内部がどんな状態であるかは煙の色やにおいで判断するものでした。しかもずっと窯の前に張りついて注視する必要があった。それはそれですばらしい職人技ですが、若い移住者を森林再生の戦力として田舎に呼び込むには、誰もが使える技術も必要です。そこで窯の温度変化が随時わかるシステムを作ったんです。つまり製炭のスマート化。

椎名にいわせると革命的だそうです。炭焼きの仕事は伐採、窯詰め、焼きの繰り返しですが、伐採は天候に大きく左右されるので優先したい。でもいったん窯に火を入れると今までは離れることができませんでした。温度の推移をデジタル化したものをスマホで自在に確認できるようにしたことで、窯の前を離れて伐採や搬出の仕事に出ることができるようになりました」

発注先は、美波町に吉田がサテライトオフィスを誘致したＩＴ企業。こんなものはＩＴ技術のうちに入りませんけれど……と向こうがいったというほどシンプルで、開発費も格安だったというが、同じ水準の依頼を東京の大手ＳＩ企業に出せば、要件定義の段階で１０００万円くらいの見積もりが出てきてもおかしくないと、吉田は笑う。

同時並行で美波町内に新しい窯も築いている。５ｔ窯と呼ばれる小型サイズだ。各地の備長炭産地では平成以降に窯が大型化した。中には20ｔという巨大な窯もある。焼ける量が多いので生産性は上がるが、１回に窯詰めする原木の量が多いため、逆に伐採や搬入の時間がとりにくくなる。

新窯の建設で留意したのは無理が生じない生産力

「窯は大きくなるほど冷めると温めるのに時間がかかります。だから一度出したらすぐに次の窯詰めをしたい。でも必要な原木の量が多いでしょう。いつしか外部業者から原木を買いつけるしくみに変わっていったんですね」

これでは生産量が増えても収益の向上は難しい。また、伐採だけを請け負う業者はそもそも自分の山ではないので手間のかかる択伐などしない。皆伐で伐れるだけ伐って製炭業者に売る。そのため資源の枯渇や山肌の過乾燥による根株の枯死なども目立ってきた。将来的な持続性を考え、備長炭発祥地の和歌山では小型の窯に戻す流れも出てきている。

新しい窯の場所は、吉田の母方の実家に近い集落の奥で、20分もあれば車で通える距離だ。なにぶんあらゆることが初めての挑戦なので、じつはここでも吉田は手痛い失敗を経験した。

「窯の建屋を作るのに、近くの斜面のスギの木を伐り出したんです。所有者に快諾をいただき、間に入ってくれた方にも場所の確認をとったんですが、じつはその一角にほかの地権者の小さな土地があって。よりによってそこのスギを伐ってしまったんです。かんかんに怒っておられて取りつく島もない。謝るしかありませんでした。お金の問題ではないともいわれました。あのスギは孫のために植えた木なんだと。最終的に許していただけましたが、山は怖い。いい教訓になりました」

山や木はただの資源ではない。そこには歴代の持ち主たちのさまざまな思いが籠っている。不在地主や境界線問題なども山が荒れる一因だが、事情はどうあれ、どうすれば公益として活かせるか考えるのも吉田たちの仕事だ。

四国の右下木の会社の奮闘はいずれまた報告するとして、しばらくは吉田の生い立ちやＩＴ事業との出会いについて追っていきたい。

3 デジタル革命

ＩＴ革命により、中央と地方の情報格差は限りなく縮まったという。だが、依然として多くの企業の本社は大都市にある。吉田基晴が代表を務めるＩＴセキュリティ企業のサイファー・テック株式会社も、本社は東京だった。徳島県美波町へ来ることになったきっかけは、県が発案したサテライトオフィスという実証事業だ。自然豊かな田舎とＩＴのメリットを組み合わせた職住近接型の働き方提案である。

当初のサイファー・テックは代表の吉田がこの町の出身ということはあったが、実験に参加した企業のひとつにすぎなかった。ところが、翌年には本社を美波へ移転。その３年後には吉田自身が家族を引き連れ住民票を美波へ移してしまったのだ。

それだけではない。吉田は地域課題解決の処方箋を作る株式会社あわえ、半世紀以上も放置され不良資産化していた照葉樹の薪炭林を再生させる、株式会社四国の右下木の会社といった法人を美波で相次いで立ち上げた。

過疎地の抱える課題は、裏返せば大きなビジネスチャンスであることに気づいたことは間違いない。人口減少で故郷が衰退していく様子を出身者として見過ごすのは心苦しく、なんとか力になりたい。そうした強い郷土愛もあっただろうが、吉田という人間のエネルギーの源泉を解くうえでもうひとつ重要なカギがある。家族だ。

吉田基晴は１９７１年11月28日、旧日和佐町内の桜町商店街で金物店を営む吉田良満、アキコ夫婦の長男として生まれた。上下２歳違いで姉と妹がいる。父の良満は男４人、女３人の７

人きょうだいの次男で、もともとは大黒《だいこく》という姓だった。大黒家は日和佐で漁業を営む網元で、その大黒家と強い結びつきのある親戚が吉田家だ。

吉田家には後継ぎがいなかったため、大黒家に次男が生まれたら養子になることが生まれる前から約束されていた。昔はよくあったと聞く話だが、このファミリーにはもう少し混み入った事情がある。１９３８年（昭和13年）生まれの吉田の父、良満は、じつは中米のパナマで産声を上げたのだ。

「僕のじいちゃんは大黒延太郎《のぶたろう》といいます。網元の家なので親は漁師をさせたかったのだけど、本人は船酔いが嫌でなりたくなかった。ほかの仕事に就きたい一心で勉強に励んでいたそうです。勉強ばっかりしているのを見たひいばあちゃんは、ある日、延太郎の教科書を日和佐川にかかる厄除《やくよけ》橋から川へ投げ捨ててしまいました。周りからいわれたんですね。漁師や百姓の子が勉強なんかしても外へ出ていってしまうだけだと。じいちゃんは、捨てられた教科書を泳いで拾って乾かしたそうです。そういうことが何度も繰り返されました。やがて反対を押し切って向かった先がパナマでした。同じ大黒家の筋に、じいちゃんより少し年上で向こうへ行った人がいて、その人を頼ったんです。当時は一旗揚げようと裸一貫で海外に渡った人がたくさんいたんです」

日本人の海外移住は、明治時代のハワイ王国でのサトウキビ労働が最初といわれる。その後、北米に移民する人々も増えていくが、外国人排斥運動が高まったため移民先は中南米に移っていった。なぜ多くの日本人が故郷を出て言葉も通じない海外に向かったのか。背景にあるのは経済の低迷に端を発する社会の閉塞感である。家督を継ぐ長男はひとまず食うに困らないが、次男三男は外へ出て独立しなければ家庭を構えることさえできなかった。しかし、社会には暗い雰囲気が漂っている。

大きな希望となったのは、努力すれば自分のものになるという海外の広大な未開地と、植民地政策の置き土産でもある巨大なマーケットだ。先に出発した移住者の中には努力と才覚で農場経営や商売で成功した人もおり、そうした噂が海を越えて伝わってきた。実際、故郷に錦を飾った人たちもいた。

小さな写真と住所を頼りにまだ見ぬ夫のいるパナマへ

「いくら縁者がいるといっても、当時、パナマまでひとりで渡るって冒険だったと思います。僕だったら躊躇《ちゅうちょ》しますよ。もっとすごいのは、ばあちゃんのサワエなんです。結婚する前の姓は松浦といいます。松浦家は四国第二十三番霊場の薬王寺の近くで料亭などを営む家柄でした。いわゆる素封家《そほうか》。大黒家は網元ですからそれなりの名門です。格が釣り合うということと、親同士が知り合いだったので縁談が進められたんです。

パナマに渡るというじいちゃんの決意は固い。せめて嫁だけでも決めとかんといかん、という感じだったようです。ばあちゃんの話によると、見合いのときすでにじいちゃんは日本におらず、履歴書に貼るような小さな白黒写真だけで結婚を決め、しかもその白黒写真と披露宴をしたそうです。

日和佐の外へすら出たことがないばあちゃんは、会ったことのないじいちゃんの小さな写真と住所のメモだけを持ち、ひとりで船に乗りました。日和佐から神戸へ、神戸から横浜へ、横浜からロスへ。そしてロスからパナマへ。ばあちゃんも肝の据わった人でした。

じいちゃんは最初、雇われ仕事をしていたんですが、間もなく商売を始めます。パナマ本土と離島を結んで物資を運ぶ海運の仕事です。船酔いするから漁師は嫌だといいながら、結局、船を持つことになった。ばあちゃんは現地の人相手に日用雑貨の店を始めました。わりと繁盛したそうですよ」

パナマ移民に関する記録は少ないが、1928年（昭和3年）ころの中南米移住について記した資料（※）によると、パナマには215人の日本人が暮らしていた。吉田の祖父、延太郎がパナマへ渡ったのは、この少し後の昭和10年前後と思われる。延太郎・サワエ夫婦は、パナマで男2人女1人の計3人の子どもを授かった。次男が前述した吉田の父、良満である。

「僕が子どものころ、ばあちゃんに聞かされたパナマ時代の暮らしの話がすごく面白くて。誰も食べないので港に行くとでっかいイセエビがうようよおる。そのへんの子どもに小銭をあげて捕ってもらって食べたとか。最初はおいしかったけど、食べすぎてすぐに飽きたといっていました。レンタル・トカゲみたいな商売もあったそうです。月に1回くらい、地元の業者が棒

※『地域政策研究　第5巻第3号』（高崎経済大学地域政策学会刊）

へ後ろ手に縛りつけたでっかいトカゲを持ってきて、ぽーんと置いていくそうです。お腹のところに籠が取りつけてあって、2日に1回くらい卵を産むので、それを食べる。しばらくすると卵を産まなくなるんだけど、そうすると新しいトカゲを持ってきて取り替えて帰っていく。料金は月払い。今でいうサブスク・ビジネスですわ（笑）。

そんな話に僕は目をキラキラさせて聞き入りました。後年、僕はオーストラリアを計2年放浪します。開高健さん、椎名誠さん、野田知佑さんらの旅の本の影響も大きかったけれど、きっかけはばあちゃんから聞いたパナマ時代の話です。いつか自分も海外に行って冒険をしたいと憧れていました」

着の身着のまま、移住先から故郷の日和佐へ逃げ帰る

パナマでの延太郎・サワエ夫婦の事業は順風満帆だったが、次第に雲行きが怪しくなってきた。日本とアメリカの間で戦争が始まったのである。パナマの友好国であるアメリカの敵となった日本人移民に対する視線は、日に日に険しさを増していった。

「じいちゃんは身の危険を感じて日和佐に帰ることを決めたそうです。まず、ばあちゃんが子どもたちを連れ、着の身着のまま逃げ帰りました。じいちゃんは残務整理のため半年後に帰ってきましたが、ぎりぎりのタイミング。財産は全部パナマに置いてきました。親父の良満は帰ってきた当初、スペイン語しかしゃべれなかったそうです。

帰国後は親戚の吉田家の世話になり、じいちゃんは取り決めどおり吉田姓を名乗りました。商売を再開し、まずは家庭金物の店を開き、後年に次男である僕の親父に継がせました。長男には当時需要が高かった船具や大工道具の金物の店を。帰国後に生まれた三男には水道金物の店を経営させています」

吉田が今でも覚えている光景がある。実家の金物店はかつてプロパンガスも扱った。自動検針装置のない時代で、顧客は火がつかないことに気づいてから慌てて連絡をしてくる。依頼があれば盆正月でも配達に出なければならない。飲み屋は夜中でも遠慮なしに電話をかけてきた。吉田は父親に遊んでもらった記憶がない。そのかわり、夜でも雨の日でも50kgボンベを担いで出ていく父の後ろ姿を覚えている。

「そんな家の息子が、また地元でエネルギーの仕事を始めたわけです。しかも扱おうとしているのはプロパンガスの前の時代の薪炭。じいちゃんが聞いたらなんて思うかなあ（笑）。僕の中では、じいちゃんとばあちゃんって誇りなんです。じいちゃんの開拓心。ばあちゃんの度胸。尊敬と同時に負けたくないという思いがずっとあります。

新しい事業に挑戦するときはいつも怖い。でも、あの時代に海外雄飛したじいちゃんに比べたら大したことはない。不安だって『地球の歩き方』もインターネットもない時代に地球の裏側までひとりで行ったばあちゃんの気持ちを想像すれば、悩みのうちに入りません。ちょっとしたことで怖がっている自分に気づくと、いやいや、あのじいちゃんとばあちゃんの孫がこれしきのことで弱音を吐いとったらあかんやろうと自分を叱咤《しった》しています」

オーストラリアを一周したとき、吉田は西海岸のブルームという町に立ち寄ったことがある。そこには日本人の墓がたくさんあった。戦前は真珠採りで栄えた町で、日本からも多くの男たちが潜水夫として働きに来ていたのだ。そして、この異郷で命を落とした。

司馬遼太郎の『木曜島の夜会』に登場するのは吉田が訪れた町よりも北の場所だが、司馬の筆が淡々と描くのは、戦前の日本人移民が抱いた夢と現実、世界の中での当時の日本の姿である。

「亡くなった人の出身地には三重、和歌山、徳島が多い。日和佐出身の人の墓もたくさんありました。今はこれだけ恵まれた時代ですが、若い子はあまり海外に出たがらないようです。そして、ちょっと壁にぶつかるとすぐ〝心が折れそう〟なんて弱音を吐きます。複雑な気持ちになりますよねぇ」

「さすが延太郎さんの孫」は、自分にとって最高の誉め言葉

仕事で選択に迷ったとき、吉田は祖父の延太郎だったらどう判断するだろうかと考えることがよくある。

「じいちゃんは、80歳を過ぎてからNHKのスペイン語講座で勉強を始めました。死ぬ前に当時世話になった人たちにお礼をしに行きたいというのが動機でした。周りはこういったんです

よ。〝口ではそういっているけれど、行かへんやろ〟と。ところが、ひとりで大使館に問い合わせて渡航方法などを調べ、飛行機で単身パナマまで行ったんです。僕が中三か高一のときでした。

向こうで3週間くらい滞在したのですが、帰ってきたときの表情は玉手箱を開けた浦島太郎のようでした。お土産もたくさん持っていったのだけど、誰ひとり昔の知り合いがいなかったのです。当時の従業員は自分より若かったのに、みんな死んでいて縁者すら残っていなかった。そこで初めて、パナマと日本の平均寿命の差に気づいたのです。でも、晩年の行動力を含め、すごいなって思います。全然守りに入っていない。僕の取り組みがテレビや新聞で取り上げられると、お年寄りの中には〝さすが延太郎さんの孫や〟といってくださる方もおります。僕にとっては最高の誉め言葉ですね」

親が忙しかったせいもあってか、吉田は釣りやカブトムシ捕りなど、ひとりでも楽しめる自然遊びに夢中になっていった。夏になると今でも向かうのが、日和佐川上流のクジラ岩だ。淵《ふち》の上にある巨大な一枚岩で、飛び込めるかどうかの度胸を競う、子どもたちにとっての通過儀礼の場だった。

「岩のてっぺんに立って頭から飛び込めたら勇気があると認められました。昔は〝いつになったら頭から飛び込めるだろう〟だったのが、今は〝いつまで頭から飛び込めるだろうか〟ですが（笑）。この間ふと気づいたんですが、クジラ岩から嬉々《きき》として飛び込んでいる大人は僕くらいなんです。大人になるとなぜか飛び込まなくなる。こんな面白いことはないのに。僕はウナギ釣りとかカブトムシ捕りもそうですけど、野遊びが好きでたまらないんです」

吉田が故郷の美波町に会社を作ろうと思った理由。それはチャレンジャーだった祖父と祖母に対するリスペクトと、自分の人格を作ったともいえる自然が今もそのままの形であるからだ。


水ぬるむ初夏は、吉田の胸が高鳴る季節である。今年もまたウナギ釣りが始まるからだ。前日までの長雨で日和佐川の水がほどよく増えているのを見届けたら、その日は遅い時間の会議でもない限り早めに仕事を終え、釣り支度に取りかかる。といっても、デスクがある株式会社あわえのオフィスからウナギ釣りのポイントまでは歩いて1分。自宅からでも3分ほどだ。吉田の毎日は究極の職住遊近接生活である。

ウナギ釣りに使うエサは、四国地方で「かんたろう」と呼ばれる山ミミズだ。森に棲《す》む青紫色の巨大なミミズで、ウナギ釣りではこれに勝る好餌《こうじ》はないとされる。吉田のウナギ釣りは、このかんたろうを探しに行くところからすでに始まっている。

昼休み、鍬《くわ》を手にして山を目指した吉田は、谷間の落ち葉を掘り返しながら、いかにも楽しそうに話す。

「世間では、僕は過疎化が進んでさびれていく故郷の現状を見過ごせず帰ってきた熱い起業家ということになっています。でも、帰ってきた当初は、そこまで立派なことは考えていませんでした。僕の郷土愛はもうひとつ違う形で心の中にあるんですよ。子どものころに遊んだ自然なんです。その象徴がウナギ釣りです。笑われるかもしれないけれど、僕にとってウナギ釣りは人生。ノーイール・ノーライフです」

吉田にウナギ釣りやアユしゃくりの面白さを教えてくれたのは、町内で水道金物店を営んでいた叔父の大黒正行だ。父の良満は漁事《りょうごと》にまったく興味がなかったが、叔父はカワウソのように川遊びが達者だった。吉田はこの叔父からさまざまな野遊びの手ほどきを受けて育った。

「僕がウナギ釣りを好きになったのには、戦前にパナマで暮らした経験のあるばあちゃんも関係しています。僕が生まれてちょっとたったころ、ばあちゃんは目の病気にかかりました。今でいう緑内障か白内障だと思うんですが、視力が急速に衰えた。手術もしたのだけど、良くならない。今もいいますよね、ウナギはビタミンBが豊富なので食べると目にいいって。

もともと好物ということもあって、ばあちゃんは折にふれてウナギを食べたがったんですが、じいちゃんは厳しい人で、ウナギは贅沢品だといっていい顔をしないんです。パナマで築いた全財産を戦争で失い、この日和佐に帰ってきてからも生活の立て直しに苦労した人ですから、いいたいことはわかります。それでもばあちゃんはウナギを食べたいわけです。

家で捌いて自分で焼くとにおいでばれてしまうので、冷たい蒲焼《かばや》きを買ってきてご飯の下に隠し、じいちゃんにばれんように食べていたそうです。

その話を両親から聞いた僕は、ばあちゃんに堂々とウナギを食べさせてあげたいと思うようになりました。小学校から帰ると、かばんを放り投げて川へ走りました。ウナギが釣れても自分では食べず、ばあちゃんのところに持っていきました。だって不憫《ふびん》やないですか。夏バテに効くし目にもいいというので買ってきても、じいちゃんから贅沢だと叱られるって。しかも、ご飯の下に隠してまで食べている。

僕が釣って、捌いて焼いてあげれば堂々と食べられる。じいちゃんも文句はいえんわけでしょ。僕のウナギ好きはそんなことも土台になっています」

イノシシに鎌で立ち向かった母方の祖父のたくましさ

吉田の郷土愛を形づくった原体験がもうひとつある。赤川という山あいの集落にある母方の実家だ。そこは昔ながらの農家で、田畑があり、牛や鶏を飼っていた。吉田が子どものころも風呂や煮炊きの燃料は薪だった。味噌《みそ》醤油《しょうゆ》は祖母の手作り。台所にはいつも何かが発酵するような酸っぱいにおいが漂っていた。今も空き家活用事業の一環で古い農家の納屋などを覗《のぞ》くと、同じ昭和のにおいを感じて懐かしさが込み上げてくるという。

吉田はこの母の実家がお気に入りで、夏冬春の長い休み期間はずっとここで過ごした。家の前には小さな川が流れ、ウナギも釣れたし、モクズガニやテナガエビはおやつになるほど捕れた。

晩秋のある日、手負いのイノシシが現われたことがある。近在の鉄砲撃ちが仕留め損ねたのだ。収穫の済んでいない田んぼに入られてはたまらないと、祖父がそのイノシシに鎌を持って立ち向かっていったときは度肝を抜かれた。しかも格闘の末、祖父は鎌一丁でそのイノシシを倒してしまった。思い出すたび当時の興奮がよみがえるという。

「あの時代の田舎の人は人間的なたくましさにあふれていました。自然の構成員として存在した気がしますね。こうした憧憬《しょうけい》も僕の故郷に対する思いなんです。泊まりに行くと、母方のばあちゃんはよく鶏をつぶしてごちそうしてくれました。最初にその光景を見たときもショックでした。河原で捌くんです。当然ですが血が出て、羽が散り、頭が転がる。すると頭上にトンビが舞い始めるんですよ。ばあちゃんは残った頭や内臓を橋の脇に置きました。

なぜそうするのと尋ねると、トンビが持っていって食べるんだという。僕らがその場を離れたとたん、ばあちゃんがいったとおりトンビがさっと舞い降りてさらっていきました。これも子ども心に衝撃的でしたけど、不思議と残酷とは感じませんでしたね。むしろ神々しい光景に思えました。

そんなこともあって、僕は大人になったらいつか鶏を飼いたい、自分の子どもにも同じ経験をさせたいと考えていました。めんどりが卵を産むときの崇高な姿。産みたての卵の温かさ。美波町に帰ってきたことで、子どもにも自分と同じ感動を体験させることができました。今、毎日食べている卵は家で飼っている鶏が産んだものですし、中学生の息子は、小学生時代からオスが大きくなるたびに、おとう、あいつそろそろつぶして食ってしまってもいいんじゃないかといっています（笑）」

吉田はいわゆる団塊ジュニア世代だ。この階層はファミコン世代でもある。日和佐のような地方の中学でも1学年が120人もいた時代で、都市化の波は等しく押し寄せていた。小学生のときは一緒に釣りや川遊びを楽しんだ仲間たちも、中学に進むと多くがファミコンに夢中になり野遊びから離れた。

吉田は中学では軟式テニス部に所属したが、海や川でもよく遊んだ。アユ漁が解禁になる6月1日には暗いうちから家を抜け出し、日の出と同時に川へ潜りアユをしゃくった。解禁日は学校の中間試験日でもある。両親も先生も魚捕りにうつつを抜かす吉田にあきれ、大いに心配したが、成績はつねに学年上位を維持していた。

悪ガキ、不良というよりは頭のいいやんちゃ坊主

吉田とは保育所時代からの幼馴染《おさななじみ》で、吉田が美波町にサテライトオフィスを立ち上げるときから折にふれ相談に乗ってきた美波町役場職員の鍛治淳也は、当時の吉田をこう評する。

「僕は海や川に潜ったりするのはあんまり好きではなかったけれど、彼は大好きでしたね。当時は中学生がナガレコ（トコブシ）を捕っても漁師さんはうるさいことをいわなかったので、彼はよく潜って捕ってきて、僕らに食べさせてくれました。防波堤でチヌ釣りをしたり、秋になると山を歩き回ったりもしました。あるとき塾を一緒にさぼってヤマイモを探したんです。

すごくたくさん採れて、喜んで家へ持って帰った。それを洗ってうちの母親が包丁を入れたらガツッと刃が止まり、これヤマイモとちゃうやんかと（笑）。

彼は悪ガキというより、頭のいいやんちゃ坊主でしたね。中学卒業後、彼は阿南の富岡西高校、僕はひとつ手前の駅にある阿南高専に進みました。当時の日和佐には水産高校があって漫画の『ビー・バップ・ハイスクール』に出てくるようなヤンキーもたくさんいたんですけど、僕らはそういう子たちとは違う意味のはみだし者でした。

高校卒業後、彼は大学に進みましたが、夏休みに帰ってくるとよく釣りやカブトムシ捕りに誘われました。精神年齢が子どものころと全然変わらない（笑）。違うのは乗り物が自転車からクルマになったくらいです」

吉田が進学したのは神戸市外国語大学だ。中学高校を通して英語が得意だった。国際関係学科という学科が新設されたばかりで、面白そうだと思い受験することにした。国際経済や国際政治を学べば、祖父のように海外雄飛ができるかもしれないと考えたのだ。

「英語に多少自信があったので外大に進んだのですが、入ってみて痛感したのは、僕の英語力なんて英語ができるうちに入らないということ。筆記だけの語学力だったんです。大学にはネイティブな英語を話す帰国子女がごろごろいて、鼻っ柱をへし折られました」

大学3年になると就職活動が始まった。売り手市場の時代で、同級生は続々と大手商社やメーカーの内定を得ていた。吉田も会社訪問を始めるが、自分の中に思い描く将来像がないことに気づいた。就職とは企業社会という型枠にコンクリートのように流し込まれることだと悟ると、会社訪問にも身が入らなくなっていった。

休学することを決めた。1年間アルバイトに励み、貯めた金で1年間オーストラリアを旅することにした。美波町は旧日和佐町時代からオーストラリア北東部の町ケアンズと姉妹都市協定を結んでいる。ともにウミガメが産卵に上陸する海沿いの町である。そうした親近感と、まだ見たことのない広大な大陸に対する憧れから、吉田はオーストラリアを旅先に選んだ。

オーストラリア放浪で学んだ世界の多様な視点と価値観

「ワーキングホリデーを利用しました。向こうで買ったおんぼろ車に、テントと釣り道具、そしてなぜか麻雀卓を積んでの放浪旅でした。椎名誠さんや野田知佑さんの旅のスタイルに、開高健さんの新大陸の釣りを合体させたようなイメージでした。

楽しかったです。就活なんかしている場合じゃないというくらい刺激的な毎日で。ノーザンテリトリーあたりの川でボートを借り、バラマンディ（アカメの仲間）を狙ったときは、20人くらいの釣り客がみんなボウズの中、僕だけ1m近いサイズを4本揚げました。地元の釣り新聞の取材を受け、ラッキージャパニーズと紹介されたのですが、心の中でつぶやきました。ラッキーじゃないぜ、腕《アーム》だぜ。君たちみたいな雑な釣り方とは違うんだと（笑）」

カンガルーに衝突されたり、野犬の群れに囲まれたり、空が真っ黒になるほどのバッタの群れに遭うなど、日本では想像できないようなハプニングにも遭遇。考えさせられることもあった。それは小さな炭鉱町のキャンプ場で知り合ったオーストラリアの若者と一緒に釣りをしたときだ。

年上だが、酒好きで、いかにもその日暮らしの労働者という感じがする野卑《やひ》た男だった。朝夕顔を合わせるたびにタバコやビールをねだってきた。

「ある日、彼と釣りをしたんです。オーストラリアはレギュレーションが厳しく、持って帰ってもいい魚の大きさや数が決まっています。日本でも釣りの対象魚によっては体長制限がありますが、微妙なサイズだと、どうせハリで傷ついているんだしキープしてもいいだろうと持ち帰る人がけっこういます。僕も当時はそんな釣り人でした。

ところが彼は、体長制限も持ち帰りの数もしっかり守るんです。不思議に思い、夜ビールをおごって聞いたんですよ。そこまで真面目に規則を守る必要があるのかと。すると彼はこういいました。ヨシ……僕のことですが、ヨシの国は小さいから警察も違反した人間を取り締まることができるんだ。けれどオーストラリアは広大すぎて誰も見ていない。だからこそひとりひとりが自分を律しなければならない。それはひとえに、魚がいなくなると困るのは自分自身だからだよ、と。

殴られたようなショックを受けました。捕まるから守るのと、捕まえる人がいないから守る。大きな違いですよね。彼が見かけによらずすごい奴《やつ》だったのかもしれないけれど、大陸民の器の大きさのようなものを感じました。同じものを前にしてもさまざまな見え方がある。これがこの放浪旅行で得た最も大きな学びでしたね」

大学に戻って就職活動を再開したのは1995年。ウインドウズ95が発売された年である。ビジネス社会の最前線では、インターネットやマルチメディアといった、2年前には聞いたことのない言葉が飛び交っていた。もし休学せず就職していたら、その後世界を席巻《せっけん》することになるITという業界に、吉田が関わりを持つことはなかっただろう。

コンピューターが社会に普及する原動力となったのは、個人が買える価格帯やマシンサイズになったことも理由だが、優秀なソフトウェアが登場したことも大きい。金字塔のひとつが、ATOK《エイトック》というかな漢字変換システムを搭載したワープロソフト『一太郎』だ。開発者は四国出身のシステムエンジニアの浮川和宣《うきがわかずのり》・初子夫妻で、この変換技術を元に徳島市で興した会社がジャストシステムである。

現在、日本語入力といえばウィンドウズに標準装備されている『マイクロソフト』のIME《アイエムイー》が優勢だが、ATOKも根強い愛用者を持つ。それを搭載した一太郎は今も語り草になっているほどヒットを飛ばした怪物ソフトだった。

オーストラリア放浪から帰って復学した吉田が照準を合わせた就職先は、飛ぶ鳥を落とす勢いにあったジャストシステムだった。バイトで1年、海外でキャンプと釣り三昧の日々を1年送っている間に、世の中の風景がすっかり変わっていたと吉田は振り返る。バブル崩壊後も多少は残っていた景気のぬくもりは冷めきっていた。阪神・淡路大震災、地下鉄サリン事件という暗い出来事も続き、世の中にはどこか重苦しいムードが漂っていた。

就職戦線も2年前とは打って変わって氷河期に。就活の再開としては最悪のタイミングだったが、唯一元気だったのがコンピューター業界だった。

「ウィンドウズ95が発売され、パソコンの操作環境が劇的に向上しました。それまでは理系の人たちが使う道具と思われていたコンピューターが、僕のような文系の人間が触っても怒られない道具になりました。個人の生活をも楽しくしてくれる、まさにパーソナルなツールに変わったタイミングだったのです。当時まだＩＴという言葉はありませんでしたが、就活でコンピューター系の企業を回ると、みなさん自社の仕事の可能性を楽しそうに説明するんです。キラキラした目で未来を語る大人を久しぶりに見た気がしました。

一番圧倒されたのがジャストシステムでした。エネルギーに満ちあふれているというか、ぶっ飛んでいましたね。本社が自分の故郷の徳島であることにも縁を感じましたが、社長の話に衝撃を受けました。たとえばコンピューターが作る未来社会です。頭にチップを埋め込むと、考えていることを全部コンピューターが形にしてくれるとかね。今思えばバーチャルリアリティーのようなイメージ。入力もキーボード不要で指の動きだけでできるとか。ＳＦのような話をリアルにやろうとしていると知って、わくわくしました。

入社してからも驚きの連続です。今思えばシリコンバレーやシアトルのような雰囲気がありました。女性社員が半分くらいを占めていて、役職に男も女もない。僕の上司も女性でした。社員が働きやすいようにと会社のすぐ近くに託児所を用意していました。食事も社内で安く食べることができました。昼だけでなく、朝でも晩でもです。

新しいソフトが完成するとパーティーを開き、徳島で一番の鮨《すし》店の職人さんに目の前でマグロを解体して握ってもらったり。インターネットプロバイダーへの進出も早かったし、出版や教育事業も展開していました」

ジャスト時代最大の学びは「時間を売らないビジネス」

最終面接を経て採用が決まった吉田が配属されたのは、徳島本社にある品質保証部だった。当時のＰＣソフトはＣＤ－ＲＯＭで販売されていた。工場からガシャン、ガシャンと音がしそうな勢いで続々とスタンピングされてくるＣＤ－ＲＯＭは、硬質紙製の高級な箱にマニュアルの冊子とともにパッケージされると、１本数万円の一太郎という商品になった。吉田は造幣局にいるような感覚になったという。

吉田に、ジャストシステム時代に最も学びとなったのはなんだったか尋ねると、即座に返ってきた答えが「時間を売らないビジネスモデル」だった。

現在はＩＴ時代といわれ、ＩＴ系を名乗る企業やビジネスパーソンは多い。だが、吉田からいわせるとそれらビジネスの多くはアナログのままだという。PCやインターネット技術をフル活用していても、収益構造は昔ながらの時間商売的な事業体だというのだ。

つまり、ひとりの社員が8時間×20日×12か月という時間枠の中でこなせる物理的な仕事量が年商になっている。いいかえると、規模拡大でしか成長できないビジネスモデルのまま。

ジャストシステムで学んだことは、優れた製品を作り上げれば、以後は原価がほとんどかからず利益になり続けるコンテンツビジネスが持つ可能性だ。時間を売るのではなく、優れたアイデアに注力してオンリーワンのシステムに磨き上げる。アナログであれデジタルであれ、それこそが優れたビジネスに共通する真理と確信したという。

配属された品質保証部での仕事は一太郎のバグ出しだった。どんなソフトでも、新バージョンのプログラムにはなんらかの不具合があるものだ。それをテストで洗い出し、エンジニアに知らせて改善する仕事である。

「バグ修正が入ると大変なんですよ。面白くて働きやすい会社でしたけど、エンジニア部門は勤務時間なんてあってないようなものなんです。先輩プログラマーの中には夕方に出社して朝に帰るような人もいました。あとは僕らテスターにまかせたということになるんだけど、それって変じゃね？　と思っていて。バグが見つかったらすぐ直してもらわないと困るわけですが、その先輩は夕方にならないと会社に来ない。そっちがそうならこっちは意地でも定時出勤を守ってやろうと帰ってしまうんですが、仕事は滞ります。製品の出荷日はプロジェクトの土台で絶対に動かせないので、最後はどうしても深夜まで働かざるを得ないわけです」

若さで乗り切った長時間労働だったが、当時の働き方は〈人はなんのために仕事をするのだろう〉という本質的な問いを、自分自身に投げかけるきっかけになったと吉田は振り返る。

「たとえば、お天気のいい日にデスクワークをしていると、今日みたいな日に釣りに行ったら最高やな、と思うわけです。そういう気分のときは仕事を休んで釣りに行ってもいいという会社があってもええんとちゃうんかな、とか。ジャストシステムは自由な会社でしたけど、そこまでは突き抜けていなかった。働くってどういうことだ、人生ってなんなんだと考えると、次第にもやもやした気持ちになっていきました」

会社所有のテニスコートでフライフィッシングの練習

後に株式会社あわえで一緒に仕事をすることになる井上基《もとい》は、ジャストシステム時代の吉田の同期だ。１００人ほどの同期社員の中で、小さなチームながら最初に部下を持ったのは吉田だったという。

社内では、元気で面白いが悪目立ちするところもあった。しかし、何事にも積極的な吉田の熱量や機転の速さ、そして明るさは誰もが認めるところで、本社移転の際は品質保証部の引っ越しの指揮を執るリーダーを任された。新製品の完成パーティーでは、司会を名調子でこなして部署を超えたムードメーカーになっていたという。

「吉田は何事も全力投球する男だけに、遊びもしっかり楽しみたいというタイプでした。僕も釣りが好きだったので吉田とすぐ意気投合しました。僕らは『釣りキチ三平』の影響を受けた世代なんですよ。もうひとり同期に釣り好きの男がいて、フライフィッシングなるものをやってみようということになりました。ショップへタックルを買いに行き、休みの日に店の人に川へ連れていってもらいました。こういう流れのところへこんなふうにフライを落とすと釣れますよ。ほら、釣れたでしょ、こんな感じですとなって期待は高まりましたが、結局僕らはその日1匹も釣れなかった。キャスティングの基本が全然なっていなかったんです。

悔しくて、吉田と僕は会社が持っていたテニスコートの予約をとって昼休みにキャスティングの練習をしました。福利厚生施設なのだからテニスをしない社員が使ってもいいはずだという理屈です。周りから見れば変な社員だったと思います。ある日、役員のひとりに呼び止められ、君らがときどきあそこでやっているのは、いったい何かね と訝《いぶか》しげに聞かれました」(井上)

自由な社風でありながらも長時間労働から抜け出せない不満をぶつけるように、吉田は釣りに明け暮れた。アユが解禁になる6月1日は有給休暇をとって故郷の日和佐へ帰り、平日は会社の近くで夜釣りをした。週末はフライでアマゴを狙うか、ウナギ釣り。

憧れの企画部署に移ったが上には上がいることを痛感

しかし、そうした日々は長く続かなかった。吉田はいう。

「品質保証部に2年いましたが、異動希望を出してみたら通ったんですよ。製品企画の部署でした。ソフトを作る会社の頭脳のようなセクション。こういう会社に入ったからには花形部署で自分の力を試してみたいと思ったんです。ところが、思い知らされたのがそこで働いている人たちの超優秀さでした。東大や京大で技術を学んできた人、IBMで音声認識の研究をしてきた人、旧郵政省で通信の担当をしていました、みたいな人がごろごろいる。そもそも頭の構造が違うんです。僕の好きのベースはウナギ釣りやアユのしゃくり、クワガタ捕りですけど、あの部署の人たちは、子どものころの遊びはプログラミングでした、みたいな電脳の申し子。僕は彼らの会話の内容すら理解できませんでした。とんでもないところに迷い込んだと後悔しました」

このゲームの中ではどう頑張っても2軍止まり。自分のいるべき場所ではないと悟り、1年で退社を決意した。

じつは吉田には子どものころから憧れていた職業がひとつだけある。鮨職人だ。実家の隣が魚屋で、包丁捌きは見様見真似で覚えた。自分が釣った魚を料理して家族にもよく振る舞っていた。

料理人としてやり直そうと、東京のある有名鮨店に修業をさせてほしいとメールを送った。来た返事は〈今でなくても良いのではないですか〉というものだった。今までの経歴がもったいないとも書かれていた。その返事は本心かもしれないし、体のいい断わり方だった可能性もある。吉田はその優しさに判断を迷ってしまう。

頭を冷やしに行った先がオーストラリアだった。おんぼろ車にキャンプと釣りの道具を積んで放浪。だが、金が半年で尽きた。帰国して徳島市内に長屋を借りた。そこでつましい暮らしをしながら就活を再開することにした。

「これはという仕事がなかなか見つかりませんでした。仕方なく大阪まで出ました。車の中で寝泊まりしながら、面接が決まると車の中でスーツに着替えて。やさぐれてんなあ（笑）。今でも思い出すと笑いが込み上げてきます」

そんなある日、大手人材派遣会社から採用通知が来た。ひと安心である。入社手続きのため大阪市内にあるその会社のビルへ行ったが、約束までに少し間があった。暇つぶしにビル内のコンビニで求人情報誌をめくっていると、興味深い広告が目に留まった。関西では誰もが知る大手電鉄系会社で、社長直属の新規開発事業とある。

募集要項に目を凝らすと見覚えのある住所が記載されていた。そのコンビニがある場所、つまりこれから入社手続きをしようとしている人材派遣会社と同じビルである。これも何かの縁と思った吉田は、人材派遣会社ではなく電鉄系会社が入居する階のエレベーターボタンを押した。

「社長直属の新規事業担当者を求む」。

そんな謎めいた求人があれば、誰でもどんな仕事か興味を覚えるだろう。けれど常識で考えれば、すでに内定している会社と天秤にかけるほどのものではないこともわかるはずだ。

当時の吉田は、挫折を味わった敗北者だった。半年間、オーストラリアを旅して気持ちを切り替えたとはいえ、蓄えは底を尽きかけていた。仕事を選《え》り好みする余裕などない。先に内定を出してくれた会社におとなしく収まるのが常識だろう。しかし、吉田が選んだのは謎めいた求人のほうだった。

「行くはずだった会社と同じビルに、偶然そういう変わった求人募集をしている会社があった。しかも誰もが知る電鉄会社の子会社。気になるじゃないですか。どんな仕事なのか聞くつもりで訪ねたら、そのまま面接を受けることになって。これも縁かなあと」

その会社は、日本に赴任する外国企業の幹部に住まいを斡旋《あっせん》する不動産仲介業だったが、社長は新事業を起こそうと考えていた。そのひとつが海外で働く日本人向けの生活支援サイトである。海外では手に入らないものを日本から取り寄せれば、必ず満足してもらえる。そういう潜在的なニーズを丁寧に掘り起こしながらネットでビジネス化していく、というのが社長直属という新規事業の内容だった。

「たしかにニーズはあって、いろんな注文が来たんです。お米にお茶漬け、ボンカレー。ファミコンソフトのリクエストもあればアダルトビデオの注文もありました。象印の炊飯ジャーのパッキンが欲しいという依頼があったときは、炊飯器の型番を調べてメーカーから取り寄せました。たぶん、お客さんには喜んでいただけたと思います。でも、炊飯器のパッキンにいくら手数料を乗せても、1個じゃ利益なんて出ない現実をあらためて知るわけです」

サービスを思いつくだけで飯は食えない。どうマネタイズするかまで含めアイデア化するのが、自分に課せられた仕事だったことを改めて知った。

そこでアプローチ方法を変えることにした。企業の総務に話を持ちかけたのである。大手企業では、海外赴任者に対し年に数回、日本から必要なものを送っている。そのサービスを丸ごと代行するというアイデアだ。

「東洋経済新報社から出ている『海外進出企業総覧』という本を買ってきて、ここはと思う会社の総務に片っ端から電話をかけました。面白いくらい反応があって、少しずつですけど利益も出るようになりました」

オタク文化が生み出す熱気に権利ビジネスの可能性を見る

社長がやりたかった新規事業がもうひとつある。コンテンツビジネス、つまり権利事業だ。しかし、吉田が具体的にはどんなことなのかと尋ねても、そのアイデアを考えるためにお前を雇ったのだというばかりだった。

「なるほど、好きにやっていいんだなと解釈しました。そんなときたまたま出会ったのがコミック系のマルシェです。アキバ系とか萌《も》え系と呼ばれる漫画同人誌の即売会。大阪で開かれたイベント会場の前をたまたま通りかかったとき、そのエネルギーに圧倒されました。僕自身は猫耳や巨乳キャラに興味はなかったけど、クオリティーの高いビジュアルを創るクリエイターと、それを支えるファンがつながってすごい熱量を生み出している。お金も動いている。こういう人たちをマッチングさせるポータルサイトを作ったらどうだろうと思ったんです」

コミコミネットと名付けた。収益のひとつは広告だが、最初から版権ビジネスを視野に置いていた。作家を支援しながら人気キャラクターを育て、最終的にはゲームビジネスに参入する。目標のひとつが人気投票上位の美少女キャラによる格闘ゲームだ。

コミックは今、クールジャパンのひとつとして認知されている。美少女キャラは海外でも人気のコンテンツだ。日本にはそういうものを創造できるクリエイターがたくさんおり、オタク文化はインターネットとも相性がいい。話を聞きつけてゲーム専門誌も取材に来た。具体的な目標が見えてきた。

そんなとき、予想もしなかったことが起こる。親会社の電鉄会社が大がかりなグループ再編をすることになり、吉田の働く子会社が本社に丸ごと吸収されることになったのである。

無名の関連会社社員から本社の社員になるのだから世間的にはラッキーな出世だ。だが新しい上司は、吉田が進めていたコミック系コンテンツビジネスをまったく理解しようとしなかった。

「お前、漢字間違えているぞ。萌えじゃなくて燃えだろうといわれたとき、ここじゃもうムリだなと思いました。ちょうどそのころ、ジャストシステム時代の先輩が東京でＩＴベンチャー企業を立ち上げていて、誘われたんです。仕事の内容は暗号技術によるデジタル著作の保護でした。コミコミネットも続けてくれていいというのです」

だが、そこも早々に辞めることになる。誘ってくれた当の社長と大喧嘩《おおげんか》をしたのである。後にＩＴバブル期と呼ばれる時代で、ＩＴベンチャーを名乗れば実力以上の投資が集まったころだ。売り上げ実態がない赤字会社でも、期待値だけで株価が上がり時価総額が膨れ上がった。うまく立ち回ってそういう会社の未公開株を買っておけば、上場時に大きな利益が得られる。ＩＴ業界全体が本業そっちのけでマネーゲームに走っているように吉田には映った。

暗号技術による著作権保護という言葉に惹《ひ》かれて参加したものの、ものづくりの熱意を感じられなかった。

「その会社の出発点は、ゲームソフトの不正コピーを防ぐ技術なんです。デジタルコピーは劣化しないことを逆手にとった不正な複製が横行する中、なんとかしなければという思いから立ち上がった。すばらしい理念であり技術ですよ。ところがＩＴバブルで方向性がぶれてしまったんです。

うちの実家は、田舎でお茶碗１個、鍋１個売っていくらという小さな商いをやっています。僕の肌感覚では、未上場企業が増資のたびに株価対策として大風呂敷を広げ続けるような行為はまっとうな商いではない。セキュリティソフトをちゃんと作ってちゃんと売る実直な商売をしましょうよと役員に何度も進言したんですが、聞き入れられなくて。何人かが僕に賛同して反旗を翻しました。辞めたメンバーで作った会社がサイファー・テックです」

脱藩者は5人。うち吉田を含む3人が設立者になった。初代社長は、大手銀行出身でファイナンスが専門の先輩が務めた。ところが1年ほどで辞めてしまう。もうひとりの先輩と反りが合わなかったのだ。2代目社長は外資系コンサルティング会社の出身。初代社長と同じくらい頭が切れたが、優秀な上司ほど部下への要求は厳しい。今度はエンジニアから反乱が起きた。

小粒だが情報セキュリティ技術の先頭を走り続ける会社

当時の吉田は営業担当の取締役だったが、会社を潰さないためには、自分が社長に退任を迫るしか選択肢がなかった。会社はわずか2年で社長が3人交代するという大嵐の船出となった。

ここで当時の時代状況を振り返っておきたい。電子書籍が出版の未来を握るといわれ始めたころで、可能性自体は見えていた。だが、ITバブルの影響がボディーブローとなり現実は足踏み状態にあった。一方、企業ではペーパーレス化が急速に進んでいた。機密性の高い書類も電子化され、メールを使ってやりとりする流れになっていた。外部にうっかり漏れたり、コンピューターウイルスを通じ盗み出されたりする危険も出てきた。ニーズが見え始めたのが情報セキュリティ技術だった。

吉田とともに前の会社を辞めてサイファー・テックに参加した野中俊宏（現・技術開発本部

本部長）が、業務の概要を説明してくれた。

「しくみの柱はＤＲＭ（デジタルライツマネジメント）という技術です。ひとくちでいうと、デジタルの文書や映像などを許可されていない人が勝手に見ることができないよう権限管理できるというもの。当初よくあったのは、パスワードを盗まれたり、暗号化を解除した後のデータが漏洩《ろうえい》したりするケースでした。うちのセキュリティは情報自体を暗号化してカギをかけ、データを利用している間も暗号化されたままの状態を保てます。万が一流失しても、暗号化を解く権限を持つ人以外は再生することができません」

その電子カギは、開けることのできる回数や時間などをあらかじめ設定することができる。サイファー・テックは、ＩＴ業界全体の中では小粒な会社だが、この分野においてはつねに先頭を走ってきた古参の技術集団だ。

しかし、販売にはかなり苦労した。吉田が当時を振り返る。

「技術には自信があったんですよ。ただ、世間的には無名の会社でしょう。いくらカタログスペックは良くても、買う側の論理としては、もしその技術が破られたときにサイファー・テックというベンチャーは責任をとれるのかという話です。じゃあ、どうすれば買ってもらえるのか。とにかくお客さんの懐に飛び込んでいくしかありませんでした。できたパッケージ商品を買ってくださいというよりも、どんなものだったら欲しいですかと尋ね、一緒に考えオーダーメイド化していく。御用聞き型の営業に徹しました」

最初に契約をとったのは、会社設立から2年目。社内がごたごたしていた時期だ。実績がなければ後に続かないので、実質的には無料で使ってもらった会社だったという。ところが、その取引先が突然、超大手のＩＴ企業に吸収される。技術は継続採用。つまり、その有名企業がサイファー・テックの取引先に名を連ねることになったのだ。

社員に払う給料が足りない！　金策で眠れない日が続く月末

情報漏洩の危険性が社会的にも指摘され、守るべき情報は著作物だけではないという認識が広がりつつあった。大手光学機器メーカーは保守技術マニュアルの、大手通信教育企業は問題集のコピー防止にサイファー・テックの技術を採用するなど、オーダーメイド型の受注は徐々に増えていった。

とはいえ、経営は依然として厳しい。課題のひとつが運転資金の調達だ。

「ＤＲＭをリリースするまでは商品がなかったので、時間を売る仕事もしていました。社長の僕自身がＮＴＴのグループ企業に出向し、派遣社員として品質改善プロジェクトのサブリーダーとして働いたんです。つまり僕自身を月百数十万円で身売りした（笑）。エンジニアを派遣に出すと製品開発が停滞してしまうでしょう。僕が出稼ぎをするしかなかったんです。

最初は不正コピーのプロテクト技術の営業に行ったんですよ。聞いてもらえたけれど脈はまったくなさそうで、話はものの10分で終わってしまいました。しょうがないので油でも売るつもりで雑談を続けたんですが、前はジャストシステムでテストの仕事をしていましたというと、先方が身を乗り出してきたんです。セキュリティソフトはいらんけど、あなたがうちに来て仕事を手伝ってくれないかと」

それでも金策には苦労させられた。社員に給料が払えず、親兄弟や、妻が独身時代から蓄えてきた貯金も借りた。知り合いに土下座をしたこともしばしば。毎月、給料日の25日が近づくと怖くて眠れない日が続いたという。

「あと200万円足りない。どうしようと考えているうちに朝が来てしまう。ひょっとしたら予定より早く振り込んでくれたお客さんがいるかもしれないとオンラインバンキングで何度も口座残高を見るんですけど、増えていない。困り果ててお昼ごろに初代の社長に電話をするんです。社員に給料が払えないので200万円貸してもらえませんかと。いつまでだと聞かれ、今日中と答えるんですが、怒られてね。当日にいってくる奴があるか！　と。でも、ちゃんと振り込んでくれるんですよ。今でも感謝しかありません」

苦境を知る友人の中には、知り合いの経営者と会食をセッティングしてくれた人もいた。商談につながればという応援だが、その会食の席へ行く1万円、2万円がなかった。カードローンで凌《しの》いだことも何度かある。

しかし、明らかに夜は明けようとしていた。吉田が社長になって5年目の2010年。スマートフォンやタブレットなど、電子書籍リーダーとなる端末機器が一気に増えた。世にいう電子書籍元年だ。インターネット環境もＡＤＳＬ回線から光回線の時代になっており、通信能力が格段に向上していた。ダウンロードビジネスの環境が整ったことで、漫画、書籍、音楽、映像といった既存コンテンツのデジタル化が加速度的に進んだのである。

サイファー・テックの技術は一躍注目されることとなった。だが、新たな問題が吉田の頭を悩ませた。技術者不足である。

4

半X半IT

サイファー・テックが本業のセキュリティ事業で黒字を達成したのは、吉田が社長になって5年目の2010年。社員は入れ替わりもあったが創業時とほぼ同じ6名を維持していた。吉田は、これからが正念場と考えていた。

「PCやガラケーで漫画を読むのは大変でしたけれど、スマホになって使える機能が拡張すると、デジタルコンテンツの可能性に一気に注目が集まりました。ところが、スマホで使えるコピー防止ソフトはまだ世の中に存在しない。

当初は自社開発で頑張ったのですが、スマホのノウハウがないし、そもそもエンジニアが足りない。自社開発にこだわりすぎると、釣りでいう時合《じあ》いを逃してしまうことになると思ったんです。うちのアルゴリズムを開示してスマホアプリの開発が得意な会社と共同開発するのがベストと判断しました。

パートナー企業は決まったのですが、すぐに問題が起きました。共同開発の難しさか、担保したい水準に上がってこない。製品は売れたのですがクレーム続き。信用を守る会社が他社に依存してはだめだと、自分たちで品質を維持するという基本に戻りました」

そのためにも優秀なエンジニアがもっと欲しい。ところがいくら募集をかけても応募がない。給与を上げ、求人広告をたくさん出稿し、ヘッドハンティングも試みたが集まらなかった。

サイファー・テックのような小さな会社にも時合いが訪れたということは、IT業界自体が大きな潮目に入ったということだ。マーケットの成長に人材が追いついていない事情はどこも同じで、業界全体が人手不足の状態にあった。完全な売り手市場で技術者は条件の良い会社を渡り歩いた。彼らをつなぎ止めることができるのは、報酬や福利厚生の水準が際立って高い、都心に本社がある有名なＩＴ企業に限られた。吉田は当時を振り返る。

「うちの創業は練馬区の大泉学園です。その後、池袋の一軒家に移りましたが、オフィスとはとてもいえない環境でした。後に新宿・市ヶ谷に移転しますが、人は依然採れませんでした。将来性は確信しているんですけど、それを形にするエンジニアが足りないので、売り上げは足踏み状態。もどかしくて胃の痛い日が続きました」

　ストレス発散と称し酒や麻雀に逃げてみたが、当然ながら何も解決せず、むなしさだけが残った。

必要な現金を稼げる日数しか店を開けない風変わりなバー

　池袋の一軒家を事務所にしていたある日、すぐ近所で大工仕事をしている同年輩の男がいた。興味を覚えて声をかけると、オーガニックバーを開くために自分で改装をしているという。男の名前は高坂《こうさか》勝。その店は『たまにはＴＳＵＫＩでも眺めましょ』という風変わりな名前だった。もっと変わっていたのは、必要な現金が稼げる日数しか店を開けないという方針だ。それ以外の日は、千葉県匝瑳《そうさ》市の田んぼで農的な活動をするのだという。

　必要以上に働かないという高坂の生き方を具現化した〝たまＴＳＵＫＩ〟は、開店すると知る人ぞ知るバーになった。今の働き方に疑問や不安を持つビジネスパーソンを優しく迎え入れる止まり木となり、〝退職者量産バー〟の異名をとるようになる。

「僕もちょくちょく顔を出すようになりまして。そのうち髙坂さんから、千葉で米作りをやってみませんかと誘われたんです。田んぼと聞いた瞬間、大好きだった母方のばあちゃんの家を思い出しました。ああ、子どものころに田植えや稲刈りをよく手伝ったなあ。懐かしいなあと。

久しぶりに田んぼの泥に触れ、汗をかくと、心の奥から毒が抜けていく感じがしました。一緒に手伝った都内の企業に勤めている常連さんも、みんないい顔になって帰っていく。自然には何かそういう力があるんだと感じた瞬間です。これをきっかけに耕作放棄地を借りて米作りを始めました。僕の中で、何かが変わり始めていました」

アウトドア派ならすでに感じていることだろうが、自然体験にはアース&チャージとでも呼ぶべきこのような放充電効果がある。会社がある東京から千葉の田んぼまでは片道2時間。もし田舎でも都会と同じ仕事ができるなら、いつでも気軽にアース&チャージができるのではないか。そんな働き方のイメージが吉田の頭に浮かんだころに起きたのが、2011年3月11日の東日本大震災だった。

数日間だったが、都心では電気やガス、水道が止まった。何より人々を不安に陥れたのは食料品の払底《ふってい》だ。お金があっても物が買えない事態を経験したことで、働き方や子育てを含めた暮らしのあり方を見つめ直す人たちが増えた。

そのタイミングで、吉田の出身地である徳島県が始めたプロジェクトがサテライトオフィス誘致計画である。

当時の徳島県はブロードバンド普及率が全国トップクラスだった。もともとはテレビの難視聴対策だ。放送方式が地上波から地上デジタルになるとテレビが映らなくなるが、高齢者は自力での解決が難しい。そこで全集落に光ファイバーを張りめぐらせたのが徳島県だ。

回線利用者は少ないので情報の送受信速度は都会よりも速い。その環境を活かし、田舎の空き家を都会のＩＴ企業に活用してもらおうというのが誘致計画である。当時事業を担当した徳島県職員の新居《にい》徹也がいう。

「総務省が限界集落というセンセーショナルな言葉を使ったことで全国的に動き出したのが集落の再生支援です。徳島県は企業を限界集落に呼ぶことを考えました。といっても製造業のような企業では難しい。ブロードバンドの普及率に着目し、ＩＴ企業のように高速通信が整った環境ならどこででも仕事が可能な業種に的を絞りました。

たまたま東京でＩＴ企業を経営する阿南市出身の方から、徳島のどこかにオフィスを持ちたいという要望があったので、サテライトオフィス・ツアーをやってみることになったんです。

その会社は最終的には開設を見送ったのですが、あちこちの同業企業に声をかけてくださり、ツアーに参加したうちのいくつかのＩＴ企業が実際にサテライトオフィスを設けました。吉田さんのサイファー・テックは、それとは別ルートからの視察参加でした」

海に恵まれている徳島県はサーフィン移住の先駆地

吉田がサテライトオフィスに関心を持ったのは、依然難航していた人材採用の切り札になるのではないか、という直感からだったという。

「電波の届くところならどこでも仕事ができるので、川の流れに足を浸しながらノートパソコン開いている人もいるっていうんです。えっと思って。ああ、これこそが僕がなんとなくイメージしていたこれからの働き方だと。早速ツアーに参加し、温めていたアイデアをぶつけてみたんですよ。

新居さんもサーフィンが大好きなんですよね。たとえば職場のすぐ近くでサーフィンが楽しめますとアピールしたら、三度の飯よりサーフィンが好きな都会のＩＴエンジニアは食いつきませんかと。そしたら、吉田さん、絶対いますよっていうんです。笑顔で。

自分でアイデアを出してみたものの、実のところは半信半疑でした。今までどれだけ求人広告にお金を払ったかわからないほど募集をかけたけど、全然採用に結びつかなかった。でも藁をもつかむ思いだったので、新居さんの笑顔を信じてみることにしました」

吉田が地方に注目したのは、高坂の紹介で出会った塩見直紀の影響もある。塩見は『半農半X』という言葉の生みの親だ。暮らしの中に自給を置き、貨幣に依存しすぎない暮らしを作る。無理に働かないことによって生じた時間を、自分が本当にやりたい、そして社会を良くすることにつながる生きがい（X）に注げば、人は幸福に生きられると説く思想家だ。その概念を借り、吉田は『半X半IT』というライフスタイルを考えてみたのだ。

「ただ、そう簡単にXは見つからない。高坂さんはいろんなことができる。塩見さんは言葉を紡《つむ》ぐことができてそれがXになる。たとえば大企業を辞めてしまうと、Xは実現可能でも別な半アイデンティティーを作らないといけないわけでしょう。僕自身のこととして考えると、サイファー・テックを捨てないと半農半X的なことはできないとは考えたくなかった。たしかに東京にいる限り半X半ITは難しいけれど、少なくともIT業の僕らの場合、どこで仕事をするかという課題はそう高いハードルではありません。田んぼから10分、海から10分のところへ仕事場のほうを持っていくのは難しいことではないし、むしろそうすることで別な価値を持つXも見つかるんじゃないかなと」

新居の協力で、サーフィンのできるサテライトオフィスの候補地探しに入った。大丈夫です！と太鼓判を押す新居の笑顔が無邪気すぎて心配だったと語る吉田だが、新居には新居でサーファーとしての確信があった。

じつは徳島県は、昔からサーフィン移住者が多いのだという。海とともにある暮らしを実現するために都会から移り住み、サーフボード工房を開く人などが早い時期からいた。初期の移住者はすでに2世、3世の代になっており、サーフィン移住は今も続いている。

生きがい追求型の地方移住は、このように前例がある。働き方と合わせた新たな生き方提案をすれば、呼応するＩＴ技術者は必ずいると考えた。

ＩＴ企業という新たな地縁の活かし方を考えるのは地域

候補地は意外に早く見つかった。吉田の故郷の美波町だった。新居はいう。

「公務員の立場で説明に行くと、どうしても裃《かみしも》つけている感じになってしまいます。県庁から知らんやつが来て、わけのわからん話をして帰ったということになりがち。最初は人間と人間の関係から入っていきました。美波町はなんでも相談できるサーフィン仲間もいたし、役場には吉田さんの幼馴染もいる。移住って、いってみれば地域との結婚。来てくれるなら誰でもいいわけではない。事業として始める以上、行政は責任を持つ必要があります」

県にとってサテライトオフィスのメリットは何か。新居たちが県議会で厳しい質問を受けたのはその効果だ。サテライトオフィスは出先事務所で本社ではない。つまり法人税は入らない。地域の雇用に貢献するわけでもない。そういう声に対して新居たち担当職員が訴え続けたのは、可能性である。

ＩＴという時代の最先端のスキルを持つ人たちが都会からわざわざ田舎に来てくれる。生まれた縁をどう活かすかは、地域の側にもかかっている。ともに未来の可能性を考える場がサテライトオフィスだと説いてきた。

吉田の幼馴染で、美波町職員の鍜治淳也は当時を次のように振り返る。

「盆や正月に吉田が美波へ帰ってきたときによくいっていたのは、自分の子ども、とくに男の子には自分が経験したような濃密な自然体験をさせてやりたいということでした。それを実現するにはこっちで仕事を作らないといけないわけですが、彼が扱うＩＴセキュリティという商品を必要とする事業所なんて、このあたりにはないわけですよ。願望に過ぎなかったのですが、サテライトオフィス誘致が動き出したことで、その夢が一歩近づいたわけです」

鍜治もまたサーファーだ。新居とは懇意で、西阿波地域、神山町、美波町の伊座利《いざり》地区（旧由岐《ゆき》町）の３か所でサテライトオフィスの実証実験が始まることは聞いていた。しかし、事業対象者向けのツアーが開かれるという話は、吉田に聞いて初めて知ったことだ。

「美波の旧日和佐地区はツアーコースに入っていないことがわかりまして。僕は建設の部署にいたのですけれど、当時の総務課長に伝えました。すぐ調べてもらい候補に挙げた物件のひとつが、県が運営していた老人ホームです」

田井地区という海沿いの集落にあるその施設は、鉄筋コンクリートの平屋だった。老人ホーム移転に伴い県から町へ移管。その後は芸術家向けの滞在施設となったが、ほとんど使われることがなかった。築約50年。ぼろぼろだが、目の前に田んぼがあり、その先は天然の船溜まりになっている入り江だ。背後には里山が広がる。視察した吉田は一目で気に入った。

地元への説明と顔合わせは新居が主導した。田井地区にはじつは先輩サーファーがいる。しかも移住者ではなく地生えのサーファーだ。ともに１９５０年代生まれの舛田邦人と浜口和弘である。今は70代だが、20代のころは『ポパイ』などの雑誌が伝える米国西海岸の文化に憧れた世代だ。当時彼らを最もときめかせたのは、目の前の海でもできるサーフィン情報だった。

サーフィンつながりで、以前から縁があった新居からサテライトオフィス受け入れの相談を受けたとき、真っ先に賛同して地区の意見を取りまとめてくれたのは彼らだった。だが、それは知り合いの頼みだったからではない。地域には地域の事情と、移住者に対するひそかな期待があったのだ。

「昼休みにサーフィンができる職場」といえば、アウトドア界には有名な先例がある。世界で急速に進むESG（※）経営の最先端を走るパタゴニアだ。創業者のイヴォン・シュイナードが一貫して大切にしてきたのは、働き方と企業文化だった。著書『社員をサーフィンに行かせよう』で彼はこう述べる。

〈仕事は楽しくなければならない。パタゴニアでは社員に豊かで満ち足りた生活を送ってほしいと思っている。本気のサーファーは、来週火曜日の午後2時にサーフィンをしようなどと予定したりしない。サーフィンは潮回りがよくていい風が吹き、いい波が立ったら行くものだ…（中略）〉。

そんなことから生まれたのが、「社員をサーフィンに行かせる」フレックスタイム制度だ。社員はみな、この制度を活用して、いい波をつかまえたり、午後からボルダリングに出かけた

※ESG　持続可能な成長を実現するため企業が順守すべき3要素。
環境意識（E）・社会性（S）・ガバナンス（公正な統治＝G）。

り、勉強したり、通学バスから降りてくる子どもを出迎えられる時間に帰宅したりしている。このようなやりくりが効くから、自由とスポーツが大好きで画一的な職場を窮屈と感じてしまう大切な社員に仕事を続けてもらえるわけだ〉（２０１７年ダイヤモンド社刊の新版より抜粋。一部略。井口耕二訳）

人材の争奪が激しいＩＴ業界で、小さな会社が大手を向こうに回し優秀な技術者を採ることは難しい。吉田はサーフィンという趣味に賭け、海のそばにサテライトオフィスを開設することにした。その決定にパタゴニアという先例の影響はあったのだろうか。

「もちろんその本は読んだことがありますし、例示がサーフィンという点では共通しますが、うちはアウトドア企業ではなくＩＴ企業です。そもそもパタゴニアさんとは、規模の桁が違いますよ（笑）。売り手市場の中、零細であるがゆえにいい人材を採れず困り果てていた小さなＩＴ企業が、窮余の策として都会の若者に田舎で新しいワークスタイルを実現しないかと訴えかけてみた。破れかぶれの選択だったんです。

ひとつだけかっこいいことをいわせてもらうと、サーフィンを楽しめる美波町は僕の故郷でもあります。採用が成功し仕事でもつながりを持てれば、恩返しのようなこともできるのではないかという思いもありました。

僕自身も潮回りのいい日は釣りに行き、夏になれば川に潜ってアユをしゃくりたい人間です。なので、イヴォン・シュイナードさんがおっしゃる意味はよくわかります。ただ、そのようなアウトドア的なセンスを持つ技術者が、日本のＩＴ業界にどの程度いるものか。徳島県にはサーフィン移住の前例が多いと聞いて踏み出したのですけれど、最後の最後まで半信半疑でした」

立て続けに来た入社希望に思わずガッツポーズをとる

２０１２年。地元との協議を経て、県の老人ホームだった建物にサイファー・テック美波ラボを開設することが決まった。社員募集は自社サイトだけ。多額の費用を投入しながら成果のなかった求人情報誌への出稿はやめ、サーフィン雑誌などへのプレスリリースに絞り込んだ。サテライトオフィス事業を始めた徳島県が積極的にアピールしたこともあり、地元徳島の新聞やテレビ局も大きく取り上げてくれた。

反応があったのは間もなくだ。最初の応募者は狩猟が趣味だという徳島県内在住の女性。次に連絡が来たのは埼玉県の男性。なんと、サーフィンが趣味だという。念願の人材である。

「当時のサイファー・テックの社員はアウトドア派が少なかったので、かなり心配されました。この賭けを外すと僕は完全な嘘《うそ》つき。ですから、立て続けに入社希望があったときは思わずガッツポーズをとりました（笑）」

半農半Ｘならぬ、半Ｘ半ＩＴを掲げた吉田のライフスタイル戦略は、確実に時代の的をとらえていたといえるだろう。その後もサイファー・テックには農業をやりたい人、自然の中で子育てがしたい人など、ＩＴを仕事にしながらさまざまなＸを模索していたエンジニアから問い合わせが続いた。

こうした動きは新しい潮流ととらえられた。テレビには格好のニュースであり、経済紙誌にも無視できないトレンドだ。アウトドア・メディアから見てもかつてないライフスタイルの出現で、じつは私自身も当時の吉田を取材している。

美波ラボ開設を機にサイファー・テックには世間の注目が集まるようになった。こうしたメディア報道を広告効果に換算すると数千万円になっただろう。転職志望者からの問い合わせは続いたが、面白いことに全員が美波町勤務を望んだわけではなかった。当時まだ東京に置いていた本社や、徳島市内のオフィス勤務を志望する人も多くいた。吉田は次のように振り返る。

「歩いて行ける距離にコンビニがない場所で暮らすなんて無理。だけど働くなら御社のような会社がいいです、というんです。アウトドアにも田舎暮らしにも興味はないけれど〝昼休みにサーフィンができる会社です〟と打ち出すような、自由度の高い経営方針に共鳴したというんですね」

想定外の反応だったが、吉田の提案は転職マーケットの中にしっかりと届いていたのである。

東日本大震災から10年以上が過ぎた。その間、日本ではさまざまな価値観の転換が起こった。震災直後のトレンドは地方移住だったが、その後はハラスメントや過重労働、非正規・女性・育児などの問題、さらにはワークライフバランスの是正を含む働き方、つまりウェルビーイング（心身ともに良好な状態）が社会の大きな関心事になってきた。企業の評価も、もはや規模的な知名度ではない。ブラックかホワイトかという職場体質、ＳＤＧｓに対する取り組みの本気度などでも評価されるようになっている。さらに、コロナ禍でリモートワークや〝おうち時間〟を経験したことで、多くの人が働き方や暮らしのあり方、生きることの本質に目を向けるようになった。

旅行や買い物などの消費行動で得られる満足とは異なる、根源的な幸福感。こうした心の琴線を人材採用の切り札にした吉田の勘は、今振り返れば恐ろしいほど冴《さ》えていたといえる。

職・住・遊が隣接することの豊かさをあらためて実感する

話を美波ラボ開設時に戻そう。昼休みにサーフィンができる職場を求めて転職してきたのは、１９７６年生まれの住吉二郎だ。生まれ育ったのは埼玉県戸田市。美波町へ来るまでは都内のソフトウェア会社で働いていた。転職歴は２回で、最初の会社ではＩＰ電話の交換機器やモバイル系のシステムを担当。２社目ではウェブ系の仕事をしていた。この社歴の間にオーストラリアでのワーキングホリデーが入っている。趣味のサーフィンを楽しむためだ。

「サーフィンは20歳くらいからやっています。当時は茨城とか千葉の海が多かったですね。遠かったです。道路がすいているときでも片道２時間。渋滞すると疲労感がハンパない。もう少し違うところに住みたいと思い始めたのが35歳のときです。移住先の条件はＩＴ系の仕事があることと、近くでサーフィンができること。この前提が両立するところを探していたとき、たまたま日本経済新聞の電子版の記事で知ったのがサイファー・テックです。

それまでも魅力的な地方企業はあったんですよ。宮崎まで面接に行ったこともあります。ただ、半X半ITのような考え方を謳《うた》っているところはサイファー・テックしかありませんでした。しかも半Xの一例がサーフィン。最初の面接は東京でした。2回目の面接は徳島市で美波町へも連れていってもらいました。社長の幼馴染で役場職員の鍜治淳也さんにサーフィンのポイントも案内していただきました」

働き始めて最初に感じたのは時間感覚の差だという。町内に借りた家から職場がある田井地区までは車で10分ほど。都内の会社に勤めているときは戸田の自宅からドア・ツー・ドアで1時間半近くかかっていた。サーフスポットはその日の波の状態によって変わるが、通勤時間と同じく10分もあれば行ける。働く場と暮らす場、そして遊びの場が隣り合っている。その距離の近さが生活すべての自由度を高めていることを肌で感じた。

「基本的な就業時間は10時から19時ですが、裁量労働制で自分の都合に合わせて調整できるようになっています。今日の風だといい波が立っているなというときは、急ぎの仕事がなければ休みもとりますし、昼休みにボードを持って海に行くこともあります。田舎とはいえ、土日は海が混むので平日とか早朝が多いですね。週3回行っていた時期もあります」

来たときは独身だったが、その後地元の女性と結婚した。子どもが生まれてからは海へ行く回数が減ったが、地域の人が身内のように子どもを可愛がってくれるのがうれしいという。一昨年は家も建てた。

地域の祭りの担い手としても今や欠かせない存在の移住者

サイファー・テック美波ラボを迎え入れた田井地区で造船業を営む浜口和弘は、住吉ら移住者を常に温かく見守り続けてきた応援団員だ。浜口はいう。

「サイファーの人らは地区の草刈りにも出てくれます。日曜日、それも暑い盛りでも気持ちよう参加してくれる。消防団の活動にも協力してくれます。いつやったかな、高齢者が行方不明になったときは仕事を中断してみんなで一緒に探してくれて。祭りの担い手としても頼りにされていますよ」

美波町の旧日和佐地区では、毎年10月に「ちょうさ」という太鼓屋台が練り歩く祭りが開かれる。住吉は移住して間もなく、住んでいる東町の太鼓若連中になった。担ぎ手として誘われたのである。ほかの町内の代表者とともに祭りの進行を取り仕切る責任者を務めた年もある。吉田がしみじみという。

「江戸時代から続く格式高い祭りで、僕らが子どものころは地区対抗のようなピリピリとした雰囲気があり、ほかの地区のちょうさに近づくのさえ緊張しました。まして移住者が責任者を務めることなどありえなかった。でもそれは人が多かった時代の話。移住者の力も借りないと、今は祭り自体を維持できないんです。もちろんそれは住吉君自身の信用があってのもの。地域に溶け込んで仲間として認められているから。サテライトオフィス受け入れにあたっては、こうした関係づくりまで細やかに目を配っていただきました」

サイファー・テック美波ラボは、日本人の働き方に一石を投じるものとしてスタートしたが、高齢過疎の問題に直面している田舎に有形無形の貢献をなしうる可能性も示した。

田井地区で農家民宿を営む舛田邦人は、前述の浜口和弘と'70年代からサーフィンを楽しんできたローカルサーファーである。サーフィンを足がかりに田舎に好感を持つIT技術者を採用、ゆくゆくは地域になんらかの貢献も果たしたいという吉田の熱意を受け止め、地域との調整役を買って出た。

舛田は当時、町議会議員を務めていた。サテライトオフィスの誘致を業績にしたいという期待もあったのではないかと思ったが、返事は意外だった。

「一緒に楽しく酒を飲んで、僕らが知らないことを教えてくれたらそれでいいんです。僕らはそこから自立のヒントを探る。高齢過疎の問題は、基本的には住んでいる当事者が自ら解決すべきこと。よその人に何から何までやってもらおうというのは甘えです。飲んで話をするうちに、一緒にやろうというアイデアが出てきたら儲けもん。当時、僕らが外から来た若い人たちに期待していたのは情報と刺激です」

美波ラボができてからは毎週のように地区の人たちと〝飲みニケーション〟が開かれるようになった。現在は関連会社の株式会社あわえに転籍しているサイファー・テック美波ラボ初代所長の久米直哉は、移住をきっかけに釣りにはまった。飲み会の席で「自分で船を操って沖でアオリイカを釣ってみたい」と願望を口にすると、ひと月もたたないうちに中古の船が届いたので驚いた。造船業を営む浜口が手配したのだ。久米はあわてて船舶免許をとりに行くことになった。

元消防団の屯所で開かれる飲み会には、吉田を訪ねてきた都会の友人知人はみな引き込まれる。新鮮な海の幸でこれでもかという歓待を受けると、誰もが恐縮してしまうが、浜口や舛田らには一方的にもてなしているという感覚はない。地方では知ることのできない情報、新しい価値観のような刺激を確実に受け取っているからだ。ウイン・ウインの関係なのである。

地元のキーパーソンといえば、もうひとり忘れてはならない人物がいる。浜口や舛田と同じ田井地区で造船業、防水業などさまざまな事業を経営する大地均《ひとし》だ。美波町に興味を持った若者が来ると積極的に釣りやゴルフへ誘い、人間関係の不安を解きほぐす。雇用という形でも移住者を支援してきた。さまざまな事業を手掛けてきた経営者の経験と視点から、ビジネスや組織内のコミュニケーションの相談にも乗ってくれる。大地は吉田にとっても頼もしいアドバイザーである。

吉田らが世話になった人たちは、この3人のほかにも数えきれない。

私も田井地区の元消防団屯所で開かれる飲み会に何度か参加したことがある。地方の人たちはよそ者に対し閉鎖的だとよくいわれる。しかし、少なくとも田井地区の人たちは、私を含めよそ者に対しいつもフレンドリーだった。

そのときにふと思い出したのがマレビトという言葉である。太古、遠方からたどりついた人間はマレビト（稀人・客人）として歓迎された。地域に福をもたらす存在とみなされ、神として扱われることもあった。民俗学者の折口信夫《しのぶ》や柳田國男が唱えた来訪神論を現代風に読み解けば、マレビトのもたらす福とは、田井の住民の浜口や舛田が語るように、異文化交流がもたらす気づき、つまり情報や学びのことを指したのではないだろうか。

七福神の恵比須は、釣り竿《ざお》を携えた豊漁の神様だが、海の彼方《かなた》から流れ着いた来訪神であり、寄り鯨（座礁クジラ）などの別称でもある。このあたりは昔から恵比須浜と呼ばれてきた。よそ者を歓待する気風がもともとあったのかもしれない。

サテライトオフィス進出をきっかけに生まれた交流から、吉田は故郷が直面するさまざまな課題も知ることになるが、見方を変えればビジネスチャンスでもあった。それが、あわえという新しい会社の誕生につながっていくのである。

厚生労働省のサイトにある『働き方改革の全体像』という資料を見ていたら「ワーク・ライフ・バランス」と「多様で柔軟な働き方」という言葉が掲げられていることに気づいた。すぐに連想したのが目がくりくりとした吉田の笑顔だった。

10年前の東京はＩＴ人材の奪い合いで、サイファー・テックのような無名の企業に勝ち目はなかった。そこで吉田の練った起死回生の秘策が前述の「半X半ＩＴ」というライフスタイル提案だ。故郷の徳島にサテライトオフィスを作り「昼休みにサーフィンをしませんか」と呼びかけると、住吉二郎というエンジニアが現われた。

思惑が人材確保であったのは間違いないが、方角の先にはこれからの働き方という水平線も見えていた。自身もサラリーマン時代は仕事と生きがいの狭間《はざま》で悩んできた。ＩＴベンチャーが永続企業を目指すうえで必要なことは何か。当時、直感でたどり着いた答えが「ワーク・ライフ・バランス」であり「多様で柔軟な働き方」だった。いずれにしても吉田の考えが国の政策の先を行っていたのは確かなことだ。

その社風に惹かれ、サーファーの住吉と同じ時期にサイファー・テック美波ラボに来たのが１９８４年生まれの乃一《のいち》智恵である。乃一が望む半Xは狩猟だった。吉田が当時を振り返る。

「女性の間でも狩猟が注目され、地方に移住する人が多いということは知っていました。乃一さんもそういうひとりだと思っていたんです。ところが後でよく話を聞くと並の狩りガールではありませんでした。お父さんは徳島県猟友会の元副会長で、子どものころから一緒に山へ入ってイノシシを追いかけていたというんです。お父さんは猟犬のブリーディングもされ、彼女は犬と家族のように育ったそうです」

乃一の生まれは美波町と同じ海部郡の海陽町だ。大学は高知工科大学。ＩＴ系の学部へ入り、卒業後はＩＴ企業に就職した。複数の県に支社を持つ会社で、希望した徳島支社に配属された。

会社では開発業務を担当し、週末に海陽町の実家へ帰って犬たちと過ごす生活を続けていた。その会社を自己都合で退職して実家に帰っていたとき、徳島新聞に〈美波町にＩＴ企業がオフィスを作る〉という記事が出ているのを見つけた。乃一はいう。

「美波町なら通える範囲ですし、犬たちとたっぷり時間を過ごせます。仕事も前職と同じＩＴ系。運命ですよね。再就職するには徳島市内まで出ないとだめかなと諦めていたので。最初の面接では技術的なことしか質問されませんでした。狩猟のことは茶道と一緒に履歴書の趣味欄に書いていただけです。

狩猟が趣味といっても鉄砲の免許は持っていません。母がいい顔をしないので、わな免許だけです。わなは掛け始めると毎日見回らないといけないので、徳島市内に住んでいるときは設置しても自分で見回りはできませんでした。実際に自分でも捕り始めたのは前の会社を辞め海陽町へ帰ってきてからです。狩猟が好きというよりは犬と一緒に山へ入るのが好きなんです」

吉田が乃一のライフスタイルを知ったのは採用してからのことだった。

「実家ではジビエも扱っているというので会社のパーティーのときに捌いてもらったんですが、その手際に驚きました。乃一さんには双子の妹さんがいて、彼女もよく手伝いに来てくれるんですけど、最初は双子と知らなくてね。今、僕の目の前で肉を切っていたのに、ふと後ろを向いたら鍋の味見をしている。あのときは目がおかしくなったのかと思いましたよ（笑）」

その吉田も実際に乃一家の猟は見たことがないというので、冬のある日、同行することになった。待ち合わせた『ししぎ　森のお肉屋さん』にはすでに軽トラが止まり、犬たちがちぎれんばかりに尾を振っていた。

「この犬は海部犬といってね、昔からこのあたりでイノシシ猟に使われてきた地犬です。舌に紫色っぽい斑《まだら》があるのがひとつの特徴で。おそらく縄文時代のころからこういう犬を使って猟をしとったのではないですか。絶やしてはいけん地元の文化だと思い、猟に使いながら育て続けているんです」

こう語るのは1947年生まれの父の俊治《としはる》だ。乃一が付け加える。

「うちんく（私の家）の犬だけだと血が濃くなってしまうので、高知県側の猟師さんの犬の血を入れたり、小松島市のほうの猟師さんが飼っている犬の血を入れたりしています。このあたりでは海部犬と呼ばれますが、正式な犬種ではありません。大会とかに連れていくと、舌の斑模様を見たほかの地域の猟師さんが、これは海部の犬やねって声をかけてくれるくらい四国東部ではわりと知られています」

今日の猟にはどの犬を使うか。戦術はプロスポーツ並み

俊治に手招きされた先に行くと、巨大なイノシシの頭部があった。前日に仲間と仕留めた120kgのオスで、2年間追い続けていた個体だという。

犬を使うのは銃猟のときである。乃一一家の射手は俊治だけ。乃一と妹はもっぱら犬の管理

が担当だ。この日は俊治の猟仲間がひとり加わり、私たちギャラリーを含め二方向へ分かれた。

イノシシ狙いでは7頭から9頭の犬を連れていくが、実際に放すのは4、5頭だそうだ。獲物はすぐに出てくるとは限らない。ひと山追わせるとスタミナも消耗するので、捕れなければ犬を交代して次の場所へ入る。

犬を使うイノシシ猟はチーム戦だ。その起用や采配にはプロスポーツに負けないくらいの深い戦術がある。一端を乃一が説明してくれた。

「まず犬には相性があります。猟の最中に喧嘩が起きることはほとんどないんです。イノシシが暴れているうちも喧嘩はしないのですけど、獲物が動かなくなると喧嘩が始まることがあります。自分のものだと自己主張を始めるんですね。そういう争いを起こす犬というのはふだんも仲が良くありません。とくに同性同士がいがみ合います。

オスの場合、同性の子犬に偉そうな態度をとっていたりすると成犬になってから意趣返しをされたりします。

ふだんから仲良しの犬は獲物をめぐって争うこともしません。母子は互いを認識していると思いますが、オスは父親だという意識はなく血を分けた子が近づいても唸《うな》ったりします。猟の際の関係性は、ちっちゃいとき遊んでくれたかどうかで決まる感じですね」

ふだんはどんな関係でも、獲物の存在を察知すると一緒に走り出すのが犬の本能だという。だが人間のスポーツ選手がそうであるように、犬にも1頭ずつ性格の違いや能力差がある。

「複数の犬を使う猟では鳴き声が大事になります。1頭が吠《ほ》えずに先駆けするとその犬の個人プレーになってしまい、狩りの成功率はぐんと下がります。鼻のよく利く犬が最初に吠えて走り出すとほかの犬も集まってきて追いかけます。よく鳴くお母さん犬が先頭を切ると子どもたちがすぐに続いて走り出すので、猟の結果も良くなります。

犬は父、私、妹と分かれて連れていきます。まず父が放して反応を見ます。獲物を追い始めた声が聞こえると、遠い場所で待機している犬たちもそわそわし始め、自分も放してくれとリードを引っ張ります」

集団心理で気が大きくなりイノシシに逆襲されることも

頭数が多ければ猟の成功率が上がるわけでもないそうだ。まず大事なのは獲物のにおいをしっかり拾うことができ、走る能力があり、よく吠える犬。こうした犬はいわばフォワードだ。獲物に追いついてから重要な能力は嚙み止めのうまさである。ただし勇猛なだけではイノシシに逆襲されることもある。実際、嚙みに行き牙で腹を裂かれて命を落とす犬は多い。獲物に対してつかず離れずの距離を保ちながら、慎重にイノシシの動きを封じ込める犬は優秀なディフェンダーといえる。

「連携プレーをできるのが犬のすばらしいところですが、集団心理が仇《あだ》になることもあります。1頭だと大きなイノシシには嚙みつかない犬も2頭3頭一緒だと大胆に嚙みに行く。功を奏する場合もありますがリスクも増します。その山にいるイノシシが大きなオスとわかっている場合は犬の編成もそれに合わせます。すぐ噛みに行ったり飛びつく性格の犬には、けがを防ぐためのベストを着せています」

この日、吉田が俊治とともに上がった山の斜面のほうにイノシシは出なかった。私ともうひとりの射手が待ち構えていたのは麓の竹交じりの林だ。ここで息を殺して犬から逃げてきたイノシシを迎え撃つ作戦だが、獲物は見当をつけていた方角から出なかった。ふと枯れ枝を踏む小さな音に気づいて振り返ると、道の20mほど後ろを数頭の若いイノシシが小走りに抜けていった。

獲物が捕れたら下処理を済ませてから出勤する

乃一家は獲物の解体処理施設も持つ。有害鳥獣対策の補助金を利用した市営や町営の施設が多いが、あえて個人施設として建て許可を得た。乃一は時間が許す限り父の仕事を手伝う。

「腹を出したり皮を剝ぐのは出勤前が多いですね。捕れるときというのは曜日関係なしですから。精肉は父にバトンタッチしますが、会社から帰ったらまた私が検品をします。父よりは目がいい自信があるので（笑）」

銃猟の免許こそ持っていないが、乃一は狩猟文化に対する父の思いをなんらかの形で引き継ぎたいと考えている。心配は健康だ。長年犬と山を歩き回ってきたとはいえ、父もすでに後期高齢者。大きなイノシシを仕留めても、山の奥だと道路まで引っ張り出すのも車に乗せるのもひと苦労だ。無理をして心臓の具合が悪くなったこともある。

この日猟に同行するまで、吉田は乃一がなぜ自社のサテライトオフィスに応募してきたかという理由を深いところでは理解していなかったと語る。

「話は聞いていたんです。犬が大好きでお父さんは狩猟もブリーディングもして、肉も販売していると。でも、ここまで犬と家族がつながった暮らしが存在するとは想像もしていませんでした。犬も家族も大好き。離れたくない。そんなとき半X半ITという言葉を掲げた会社が隣町の美波へ来た。彼女としてはすごい偶然だったわけですね。その思いをあらためて知り感無量です。誇らしさも感じました。

今日もうひとつ気づいたのは彼女の才能です。犬を使った狩猟のチームプレーは会社組織にも通じると思うんですよ。狩猟って近代ビジネスに比べたら不確定要素だらけじゃないですか。相手は逃げる生き物。犬も1頭ごとに性格や能力が違う。そもそも山という地形自体が不確定。そんな状況の中でもチームをマネジメントして猟を成立させているわけです。彼女はエンジニアとしてうちで力を発揮してくれていますが、機会があればチーム作りなどにも挑戦させてみたいです。僕ら会社の人間も犬たちを見るように個性を観察されていたと想像すると怖いけれど（笑）、唯一無二の才能ですよ」

美波町にサテライトオフィスを作って10年余り。働き方改革の先頭を走ってきたサイファー・

テックだが、じつは更なる試練を迎えているという。エンジニア争奪戦の第二幕が始まっているのだ。ＩＴセキュリティ技術は当初、電子化された情報の著作権を保護するシステムだった。ところがＩＴ技術はその後も進化しＤＸ（デジタルトランスフォーメーション）時代に突入した。

電子決済やマイナンバーカードなど大事な個人情報のすべてがスマホひとつに納まろうとしている。気軽に使えるシステムほどハッキングのリスクは高い。セキュリティ技術への注目はますます高まっているものの、優秀なエンジニアが足りないというのだ。

一方、コロナ禍を契機に一気に定着したのがリモートワークだ。売り手有利の状況が続く転職市場では、在宅フルリモートＯＫ、どこに住んでいても正社員として採用というＩＴ企業も現われた。地方に暮らしながら都会と同じ仕事ができるというのは、もはや吉田の会社の専売特許ではないのだ。

しかし、そうした状況をも吉田は肯定的に捉えている。働くうえでのハンディが消えたとき、人は何を寄る辺に生きるのか。乃一のような生き方もあるということを知った限りは、自分の直感に今後も自信を持っていきたいと思っている。

5
過疎に効くクスリ

サイファー・テック美波ラボがスタートし、実際にサーフィンや狩猟が好きなＩＴエンジニアが入社すると、吉田の周囲は慌ただしくなった。マスコミが半Ｘ半ＩＴを新時代の生き方、地方の光明として報じたのだ。問い合わせも増え、募集枠に対して入社希望者が大幅に超えるまでになった。

同時に殺到したのが行政視察である。過疎化の進行に悩む各地の市町村や議会が、美波町に学びたいと門前市をなしたのだ。吉田が当時を振り返る。

「うれしかったけれど、少し冷めた目でその状況を見ているもうひとりの自分もいました。社会的インパクトや物珍しさを差し引くと、僕がやったことの実際的な価値ってどれくらいだろうと計算してみたんです。結論としては大したことがない。難航していた人材採用がうまくいき、仕事がちゃんと回るようになっただけのことでした。

ただ、こうも確信しました。取材や視察がたくさん来るのは、この判断がなんらかの値打ちを宿しているからではないか。今はまだイメージも活かし方もわからないけれど、人材採用とは別な新しいチャンスが同時に訪れたのではないかと考えたのです」

吉田の実家は台所金物や生活雑貨を扱う金物店だ。商売は人が集まるところに生まれる。来たお客さんが次の商売を教えてくれる。その商機を逃すべきではないというのが、中米パナマ生まれの苦労人でもある父親の教えだ。

相次ぐ取材や視察のオファーが、子どものころから父親に聞かされてきた話に重なった。

「僕の好きな釣りで喩《たと》えると、人材採用の方法という獲物の後ろを、もう一匹、大きな魚が追ってきているように思えたわけです。当時、田舎という環境が採用に有利に働くなんて誰もいっていませんでした。半X半ITは一歩間違えれば劇薬で、会社にとって大失敗になったかもしれない。けれど、こわごわ飲んでみたら経営課題のど真ん中にある優秀な人材確保に効いた。すごい薬草を見つけた。しかも、効果はそれだけじゃないと感じたのです。

僕自身、田舎に育てられたし助けられました。この機会に恩返しもしたい。そういう思いがあって次のサテライトオフィス誘致のお手伝いなどもしていました。時にサイファー・テックの仕事もほったらかす形で、役場と一緒に受け入れに動いていました」

とにかく面白い時期だった。生まれ故郷である美波町のためにもなるという一心で、自社に続いて進出する企業やベンチャーマインドを持つ人たちの誘致を精力的に手伝った。

自己満足に社員を巻き込んだ反省から別会社を立ち上げる

田舎には、仕事と家庭、個人の自由時間以外に「つとめ」という時間がある。草刈りや祭り、消防団、町内会活動など共同体の一員としての役割だ。都会からの移住者はともすれば自治意識が希薄で、義務ではない時間の使い方は自分の自由と考える。だが田舎では、各自がつとめという時間を持ち寄らないと自治そのものが成り立たないのだ。

地方への移住希望者に地域での心構えを説く中で、吉田はつとめの意味と重要性を伝え、自分自身も極力引き受けてきた。

中でも移住支援は自分にしかできないつとめだと自負した。地域に受け入れられたという実感も覚えたが、すぐに限界が見えてきた。自分のつとめのために美波ラボの社員も引き回すことになったからだ。

「当時、視察の受け入れをしていたときはお金をいただいていなかったんです。僕はお客さんが来るとフルスイングする性格なので高い満足度はいただくんですけど、声はかれるわ、疲れるわで。成果は美波町とサイファー・テックの名前が世間に刷り込まれた程度。町の特産品が売れるようになったわけでも、うちのセキュリティソフトが売れたわけでもありませんでした」

もともと小所帯のＩＴ企業で、美波ラボはさらに小さなオフィスである。取材や視察など、引き受けたつとめのたびに本来なすべき業務が止まる。それは社員も同じだ。ＩＴ技術者はプログラムのコードを書いてなんぼ。取材や視察の場で移住生活の魅力や自身の経験を話しても、エンジニアとしての業績評価にはならないのだ。

都市と地方、地域と企業の橋渡しをする会社を作ろう

「サイファー・テックは東京と徳島市と美波町の３拠点でやっていますが、東京から、美波のオフィスはなんなん？　という空気が伝わってきました。まずいなと感じました。でも僕自身は、町長にぜひ担当をつけてでも企業や起業家の誘致に力を入れるべきだと力説してきました。

社内が軋むのでやめときますとは今さらいえないわけです。べきだといった以上、お付き合い程度でお茶を濁して帰るわけにはいきません。いいとき、できるときだけ手伝いますというのは梯子《はしご》を外すのと同じ。それで腹をくくったんです。都市と地方、地域と企業の橋渡しをすることで田舎の課題を解決する新会社を作ろうと。片手間ではなく、業務として受ける代わりに対価はしっかりといただきます、というふうに」

サイファー・テックの定款を変更して子会社を作るのではなく、個人の立場で資金をかき集め別会社として立ち上げた。それが株式会社あわえだ。

あわえの設立は2013年。サイファー・テックの美波ラボを作った2012年は民主党政権最後の時代で、地方には失業対策名目のさまざまな補助金が措置されていた。自治体は失業対策を地域活性化に読み替えた事業案を模索していたが、アイデアに乏しい。都会から会社ごと田舎へ移ってきた吉田は、公務員にはない発想を持つ人材という点でも注目されることになる。吉田自身も、都会と田舎両方の酸いも甘いも知ることが強みだと自己分析するようになっていた。

政権が再び自民党になるとアベノミクスが始動。2014年には「まち・ひと・しごと創生法」が閣議決定する。今に続く地方創生の始まりである。サテライトオフィス誘致を軸足に、田舎が抱える多様な課題解決に挑戦するプロチームを作るという吉田のアイデアは、またしても時代の風をとらえた。

吉田がイメージしたあわえという組織は、都会の目線で地方にアドバイスするコンサルタントやシンクタンクではなく、現場に密着した地域活性化の専門集団である。法人格を株式会社にするにあたっては比較分析もした。

「株式会社なのか、一般社団法人なのか、NPO法人なのか、任意団体なのか。税制とも関わることなので僕なりに事例を調べました。全国には地域活性化で有名な組織がたくさんありますが、僕は、お金のためじゃない、というあのセリフが嫌いです。お金が回らなくなったらどれほどいいアイデアも実現できないわけですから。

人間ってどんないいことでも3回やると飽きます。おばあちゃんが笑ってくれれば、僕は欲張りだからもっと笑顔にしたいと思う。でも、もっとには限界があって、それが飽きなんです。いいこともいずれ飽きる。嫌なことはすぐ飽きる。であれば、ボランティア精神を事業の骨格に置くべきではない。

事例を調べると、まちづくり系の組織には創設者の思いは強かったのだけれど次世代にうまく継承できず失速したケースがありました。生き残ることができる確率の高い形態は、株式会社などの営利組織だと確信しました。

地域の困り事のために汗をかきますというと、ボランティア精神の発露と見られがち。非営利団体なのだから示された値段で受けるのがあたりまえでしょ、みたいな空気も根強くあります。でも僕はこう分析しました。地域の存続につながるような大事な案件こそ、永続性と発展性を前提として組織されている株式会社が担うべきだと。

わかりやすいいい方が、すみません、うちらはビジネスでこれをやってますんで、でした。清く貧しく行こうぜというのも美しいかもしれないけれど、地方には夢があるぜ、ちゃんと食えるよ、一緒にやろうっていわないと優秀な人も来ないですよ」

地方創生には人材が必要だといわれながら定着しにくいのは、やりがい搾取が暗然として存在するからだ。

「サイファー・テックのとき、これではいかんなと思ったのは、頼む側である行政が引き受ける側の民間にノーといわせない空気があることです。頼まれて、ではひと肌脱ぎましょうと応じた側に選択権や交渉権がない。県や町のためになるのだから当然引き受けてくれますよね、みたいなムード。人口が減ると税収が下がり、役所の職員の負担も増します。気の毒ですが、だからといってボランティアで埋め合わせをしようというのは間違い。そのあたりを明確にしておかないと善意の下働き集団として消費されてしまい、補助金も死に金になると思いました。

こういう社会的な仕事は奉仕の精神で行なうべきだとかいうのは、だいたいお金に苦労をした経験のないおっさんですよ。僕が帰ってきた最初の1年だけでも、田舎に貢献したいと都会から意気揚々と来たのに、いつの間にかいなくなってしまった地域おこし協力隊員を何人も見ました。

所帯も持てないような待遇で地元の人間に代わって地域を盛り上げてくれなんて過大な要求

だと思うし、本末転倒ですよ。僕は堂々と、これは商売ですといえる組織にしたいという思いもあり、あわえを株式会社にしました」

最初に手がけたのは地方の雇用を増やす徳島県の事業だ。農山漁村の魅力発信のようなミッションにも積極的に手を挙げた。受注を獲得したいがために安く受けることはしないと決めていた。どのプロポーザル事業も、コスト的に適正と判断した費用を乗せて応募した。それでもかなりの率で採用されたことに吉田は自信を持った。

持てる者が持たざる者のやる気を冷笑する病理

美波町のサテライトオフィス誘致事業は、どの地域にとっても大きな課題である空き家対策事業と連動することになった。ちなみにあわえの本社が入居する建物は、町民に親しまれてきた築100年を超える初音《はつね》湯という旧銭湯をリノベーションしたものだ。

吉田個人のネットワークからの進出も含め、美波町にサテライトオフィスを設けたり、リノベーションをした空き家を拠点に起業した会社は現在まで30近くになる。

こうした仲介的な事業は行政補佐の仕事と映るせいか、当初は「そんなボランティアのようなことでお金をとるのか」という声も聞こえたという。だが吉田はひるまなかった。

「仕事柄、全国の過疎地を見てきましたが、美波町ってすごく恵まれているなと思うんです。甘えなさんなといいたくなるくらいに。とくに財産があったり社会的地位のある人にいいたいのは、よその過疎地よりかなり恵まれた過疎地なのだという自覚を持ったうえで、人を育てるとか、未来に投資するとか、地域に対し還元をしてほしいということです。そう、ノブレス・オブリージュ（地位ある者の役割）です。

サテライトオフィス誘致事業を本格的にやるようになって感じたのは、移住して商売を始めた人に対する妬みのような感情です。あわえを立ち上げたとき、町には約６００軒の空き家がありました。代々この地で商売をしてきて土地も家も人脈もある人が、地域最大の課題である空き家を活用して人生を切り開こうと挑戦しているよそ者を見て、陰口を叩いたり冷笑するような空気もありました。

起業志望者には、今は何も持っていないけれど海外放浪をして世界中を見てきました、みたいな若者も多いんですよ。そういう子を応援することも自分たちの地域の将来に対する大きな投資だと僕は思うんですけどね。これは美波に限ったことではなく、日本中の田舎で感じる悪《あ》しき空気です。今後はそういうゾンビのような存在とも戦っていかなければいけないんだということも強く覚悟しました」

町内・日和佐地区の観光案内地図を見ていてあらためて気づいたのは、町の規模のわりにしゃれた飲食店や民泊など若者向けのサービス業が多いことだ。筆者が地域活性化の視点で日和佐を最初に取材した10年ほど前は、まだそれほどの数ではなかったように思う。

吉田に尋ねると、あわえがアテンドしたところばかりではないという。Uターン者や地元の人が独力で店を開くケースも出てきているのである。

こうした活気こそ、サテライトオフィスや起業家誘致が生んだ効果ではないだろうか。〝にぎやかな過疎地〟の意味は、地元の人たちにも体感として少しずつ浸透しているようである。

吉田自身が故郷の美波町に駐在するようになって痛感したのは、地域の衰退だった。盆や正月、秋祭りで帰省したときは気づかなかった変化が、肌に刺さるように伝わってきた。

「昔はもっとにぎやかな町だったんやけどなあ、という感じは帰るたびにありましたけれど、久しぶりに住んでみると人口減少の影響をさまざまなところで痛感させられました。サイファー・テック美波ラボの近所の人たちと一杯やっていると、いろんな話が耳に入ってきます。ある漁師さんの孫は小学生で、僕の母校の日和佐小学校に通っているというので尋ねてみたんです。今の小学校って1クラス何人くらいですかと。そしたら20人ちょっとやと。1学年は何クラスですかと聞くと、1年から6年まで各1クラスだというんです。僕らのころは1学年100人くらいだったので隔世の感です。

僕の記憶の中では日和佐地区は漁師町という印象があったんですが、これも変わっていました。今は漁業収入だけで食っている人は指折り数えられるほどしかいないというんです。ええっ？　と思いあらためて漁港を見渡すと、隙間だらけなんですよ。昔はびっしりと船が停まっていたのに」

ほかにも気づいたことがある。サテライトオフィスのスタッフには独身者が多い。吉田自身は実家からの通勤で昼食も母親が作ってくれたのでわからなかったが、彼らが昼食を食べようと思っても飲食店がほとんどないのだ。過疎化はこんな部分にも及んでいた。

「仕方なく地元のスーパーに弁当の仕出しを頼んでいました。僕が子どものころは駅前に飲食店が軒を並べていたんですがね。都会では、おいしいかどうか、値段、雰囲気で店を選べるのが普通ですけど、田舎では選択肢そのものがない。基幹産業の漁業も、付随するサービス産業も衰退してしまっている。深刻だと感じました」

こうした現実を知ったことが、地方の課題を株式会社の手法で解決する『あわえ』を設立した大きな動機だ。

吉田にはもうひとつ忘れることのできないエピソードがある。サイファー・テック株式会社の本社を美波町へ移し、翌月には株式会社あわえを立ち上げた2013年のこと。妻子を連れ美波町に住民票を移し、実家を3世帯同居できるようにリフォームしようと考えた。銀行に相談すると、改築費用の融資の話だったのに担当者は高台地域での新築を勧める。吉田は意図を察した。南海トラフ地震のリスクである。

ローンを組むには担保が必要だが、実家がある地区は町のハザードマップでは2～3mの津波浸水予想区域になっていた。3・11を境に土地の担保価値が急激に下がっていたのだった。

「僕は色をなしていいました。これからこの町に腰を据え、空き家を活かして都会から人や会社を誘致しようとしているんですよ。自分だけ高台に家を建てて住むなんてできるわけがないじゃないですかと。銀行のほうも僕が何をしようとしているかは知っていたのでいいにくそうでしたけどね。

皮肉なことに、田舎って人生のハッピーな節目のたびに人が出ていってしまうんですよ。まず高校進学。僕らのころは日和佐にはふたつの高校がありましたが、今はありません。一番近い高校は隣の阿南市で、ＪＲで1時間。ですから、そのタイミングで家族ごと引っ越してしまうケースも多い。

次が結婚です。新居を建てようとすると、僕が体験したのと同じ論理で金融機関から担保価値の高い場所での新築を勧められます。結果として徳島市寄りの便利なところになる。子どもたちは新興住宅街に家を構え、親だけ美波町に残っている例も多くあります。美波が好きだから離れたくないというので別居していたけれど、南海トラフ地震というキーワードが出てきてからは、早めに親を引き取ろうという雰囲気が広まりました。若い世代だけでなく、高齢世代までもが転出している。

この得体の知れない負の循環はなんだろうと思いました。しかも美波町固有の風土病ではない。徳島の海辺の町はみんなそうだし、高知、和歌山、三重、静岡も同じリスクの上にあります。

愕然《がくぜん》としましたが、こうも確信したんです。これらの問題を解決する処方箋を開発できたら、あわえは全国の過疎地域がお客さんになるはずだと」

誘致数という実績より大きいサテライトオフィスの効果

産みの苦しみはありながらも、事業の柱に据えたサテライトオフィス誘致は年を追うごとに伸びた。気鋭の企業が美波町にオフィスを設け、移住や二地域居住を実践し始めた。その効果は誘致実績という数字以上に大きい。

東京に本社がある株式会社イーツリーズ・ジャパンは早い時期に美波町へサテライトオフィスを開設した会社だ。ハード系のＩＴ技術を得意とする企業で、社長の船田悟史《さとし》の趣味はトライアスロン。美波町はひわさうみがめトライアスロンを開催してきた。地方のスポーツ大会としては老舗の祭典だ。だが、ある時期から課題が浮かび上がった。ボランティアの高齢化である。吉田がいう。

「大事なところで誘導や確認に立ってくれる人がいてはじめて成立するイベントなわけですが、もともと平均年齢の高いボランティアの方々がさらに高齢化している。船田さんは選手に電子タグをつけて通過状況を端末で確認できるシステムを作りました。しかも、携帯電話の電波が入らないような場所でも使える。美波町のサテライトオフィスで開発されたこのシステムは、その後全国に販売されています」

近年どこの地方もイベントによる地域振興を模索しているが、舞台裏は同様の事情を抱えている。

「ＩＴを使えば１００人のボランティアが必要だったところを50人でカバーできる。国が号令しているＩｏＴやＤＸとは、じつはこういうことなんだということに役場職員の方々がまだまだ気づいていません。

とはいえ、ＩＴ屋さんが直接売り込みに行ったところで活用方法が伝わるものでもない。地域の事情と企業の技術を引き合わせられる通訳というか、コーディネーターが大切なんです」

地方に可能性をもたらすサテライトオフィスはＩＴ系だけではない。一例が藍庵《あいあん》というラーメン店である。本店はＭｏｒｒｉｓという。吉田の東京時代に近所にあった店で、店主の松田徹時《てつじ》とは互いに長渕剛のファンだったことから意気投合した。家族ぐるみの付き合いだが、吉田がＵターンしたのを機に、松田は美波町に支店を出した。ひとつの挑戦である。

本店は魚介と豚骨のＷスープ。麺もタレも自家製。そのこだわりは藍庵でも継承されたが、具材や調味料は地元産に絞り込んだ。提供することになったラーメンは徳島県南部で生産された阿波尾鶏《あわおどり》を使ったオリジナル。四国八十八ヶ所霊場第二十三番札所・薬王寺の由緒にちなんで薬膳の考えも取り入れた。藍庵は瞬く間に人気店になり、町外や県外から食べに来る人も多い。

地元食材に絞り込んだことで、これまでばらばらだった地域の生産者同士をつなぎ、その魅力を外へ発信するハブ機能を持つ店になった。松田の場合はサテライトオフィス誘致制度を利用していないが、飲食店の地方進出は、関係人口を呼び込む大きな切り札にもなると吉田は断言する。

サテライトオフィス誘致は現在、徳島県だけでなく全国の自治体が行なっている。行政が直《じか》に行なっている例もあるが、中間支援組織であるあわえの強みは、かつて誘致を受けた吉田自身が誘致の旗振りをしていることだ。

「企業を呼びたい地方自治体側に多い勘違いは、社長をちやほやすれば来てくれるだろうという期待です。会社ってそんなに甘くないですよ。ベンチャー企業にも取締役会があるし社外取締役もいます。うちは温泉が自慢なんです、と話を持ってこられる自治体も多いのですが、そういうことではないんですね。企業がお役に立てる舞台を提示してくださいとお願いしていいます。その舞台とは地域の課題。いいお湯が出る地域ではなく、いいお湯が出るのに廃業が続いている温泉地なんです、ということを伝えるべきです、と。

そう聞かされれば、企業は営利集団ですから、自分たちの持つ力でそのお湯を活かしたビジネスを考えてみよう。そこには社会貢献の要素もありそうだよね、となるわけです。ここがマッチングのポイント。あわえの強みは、両者に対し、そういったそもそもの部分から具体的に提案できることです」

美波町の現在は日本の近未来。過疎に効く薬を今作っておく

創業から10年余りであわえのスタッフは約30人にまで増えた。現在の事業構造はどうなっているのか、執行役員の吉田和史《かずふみ》（33歳）に尋ねた。

「事業部門は、美波町周辺の案件と新規事業の開発を受け持つ地域事業開発部、全国の地域を対象にした商業機会の創出を担当する地域×Ｔｅｃｈ事業部があります。あわえのミッションについて、代表の吉田は日ごろからこういっています。美波町のような地域の現実は人口減少社会に向かう日本の未来図。そんな過疎の先進地で薬のような効果があるアイデアやしくみを開発すれば、ジェネリック薬品のように全国に届けることができる、と。新薬的なアイデアは地域事業開発部で研究しています」

あわえがサテライトオフィス誘致の実施・支援をしている自治体は現在２８０以上。間もなく３００を超える見込みだという。あわえの勤務はフリーアドレス制で、社員はどこのオフィスでも働ける。吉田和史自身は東京オフィスと顧客自治体とを行き来してコンサルティングを行ない、企業とのマッチングを進めている。自治体からの要請があれば社員を常駐させることもある。その拠点が地方オフィスだ。

「一例を挙げますと、宮城県の加美町《かみまち》です。加美町は10～20代の移住者増、地域内で唯一である高校の魅力化、現在は地域外に発注しているポスターなどのクリエイティブな仕事を地域内

で回せるようにするといった構想を持っています。それらを具体化するためにあわえが間に入り、行政、高校、商工会、地銀などの関係者を巻き込みながら公営塾を開きました。加美町の高校生はその公営塾でクリエイティブスキルを学ぶことができます。講師となる企業を誘致するなど、サテライトオフィス誘致からさらに進んだ事業を地域に密着してやらせていただいています」

美波町議会議員に立候補した20代の社員がトップで当選

社員が常駐する地方オフィスは、美波町の本社以外、全国に6か所ある。このように自治体向けに地方創生関連のコンサルティングを行なうスタッフを、あわえではローカル・インテグレーターと呼ぶ。そのリーダーが美波本社で働く遊亀聖悟《ゆきしょうご》（30歳）だ。

個性的なキャラクターが多いあわえスタッフの中でも、遊亀は際立っている。じつは町議会議員なのだ。実家は日和佐八幡神社のすぐ近く。大阪大学経済学部を卒業後、メガバンクに入行し関西で勤務していた。

あわえに入社したきっかけは、ある年の秋祭りだった。帰省した遊亀は、知らない人間が自分の地区の祭りの責任者を務めていたので驚いた。東京のＩＴ企業のサテライトオフィスで働くエンジニアだと聞かされた。ほかにもあちこちに知らない若者がいた。あわえという会社が呼んできた人たちだと知った。働き方に迷いを感じた時期だったという。平日は子どもの寝顔しか見られず、土日も接待で家にいないという上司の話を聞き、銀行員としての自分の将来像が見えなくなっていた。

「そんな面白そうな会社が実家のすぐそばにあるんだと知り転職しました。今の仕事のやりがいは、自分のアクションが将来の自分が住む環境づくりにもつながっていくことですね。僕は美波町に住み続けたいと思っているので、あわえが提唱する〝地域の課題を解決する処方箋〟は、自分の将来のためにもなっているわけです」

過疎化は選挙制度にも影を落としている。遊亀が2022年4月の美波町町議会議員選挙に立候補することを決めたのは、議会の年齢構成があまりにもいびつに見えたからだという。

「平均年齢が70歳近く。地域の未来は若者も入って考えるべきだ、手を挙げる権利があるのに任せてしまっていいのか。最初は誰か若い人が出ないかなと見ていたんですが、出てこない、というか出づらいんです。この町に残っている若い世代は公務員や銀行、町外の大きな企業に通っている人が多い。議員との二足の草鞋《わらじ》が履けない人ばかり。じゃあ、どういう人なら若くても手を挙げられるかというと、自営業をやっているか、勤務先が兼業を認めてくれるかです」

自分が働くあわえは、議員活動との兼業を認めてくれる会社なのではないか。自分が立候補して当選すれば、移住者がやりたい、変えたいと願っていることにも力になれる。そう思った遊亀は代表の吉田に相談をした。

「代表はちょっと思案顔でした。反対された場合、会社を辞めてまで出る意志はありませんでした。ただ、今の状況は町の将来のためにも良くないと、自分の思いをぶつけました」

吉田は最初、なぜ困ったような表情をしたのか。社員が議員になると、あわえが美波町政に深く食い込んでいるように見られ、得策でないと感じたからだろうと遊亀はいう。最終的に吉田は遊亀の熱意を認め、全力で応援することを約束した。

結果は最高得票。当選当時20代だった遊亀は徳島県南部で初の平成生まれ町議となった。議会という町の中枢に入ったことで、行政のしくみの見え方が変わったという。立場が圧力になってはいけないので美波町担当からは外れているが、議員活動から得た知見はローカル・インテグレーターとしても大きな学びになっていると語る。いずれ、あわえの処方箋にも取り入れられることだろう。

地域の課題解決に効く処方箋の開発と普及――。ユニークなミッションを高々と掲げた株式会社あわえの事業骨格は、10年前の創業当時も今もサテライトオフィス誘致だ。四国の右下にある過疎の町・美波に根を張りつつ、全国を対象にＩＴ企業とのマッチング事業を推進してきたあわえは、今では３００に迫る地方自治体からオファーが来る存在になった。そんなあわえの草創期の逸話が、じつは映画になったというのがこれからの話である。

明石知幸《あかいしともゆき》（65歳）は、早稲田大学教育学部卒業後、にっかつ撮影所（現・日活）に助監督として入社した。その後、森田芳光に師事し『家族ゲーム』（松田優作主演）、『メイン・テーマ』（薬師丸ひろ子主演）などに参加する。監督デビューはオムニバス映画『バカヤロー！4　YOU！お前のことだよ』（第3話）だ。以後『免許がない！』（舘ひろし主演）のようなコメディーからSF的な『キリコの風景』（小林聡美主演）まで幅広く手がけてきた。

そんな明石が吉田のことを知ったのは2013年のことだった。

「僕は美波町の出身なんですけどね。合併前の由岐町なんですけど、吉田さんを知ったきっかけは雑誌です。美波にサテライトオフィスを誘致しようと頑張っている出身者がいるという記事でした。面白いなと思い神楽坂のオフィスへ話を聞きに行ったんです。高校の後輩であることや、長渕剛が大好きだということがわかって盛り上がりました。長渕が主演の映画『オルゴール』に、僕は助監督で参加しているので。

意気投合しましたが、訪ねた理由は明確ではなく、今後の構想を練るヒント集めのような感じでした。なので、以後はそのままだったんですけど、2017年の2月に僕から連絡をとったんです。当時、うちの会社でLGBTを扱った作品を製作していまして。派手な宣伝ができるようなテーマではないし、小さな会社だからお金もない。いろんなイベントをこまめに回って告知しようということになりました。吉田さんに相談すると、たまたま地方自治体とIT企業のマッチングイベントを企画中で、40～50人の規模ですがぜひ来てくださいということになって。

会場へ行くと若い女の子がふたりいましてね。イベントとは異質な取り合わせだなと思ったのですが、彼女たちは美波町と同じ海部郡の海陽町でのインターンシップ体験を発表しに来た大学生だったのです。テーマは限界集落と持続可能な漁業。フェリス女学院大学の学生で、教授も来ておられました。今は都会の女子大がこんな研究をしているのかと驚いたことを覚えています」

国が地方創生戦略の骨格となる「まち・ひと・しごと創生法」を閣議決定したのは2014年。吉田がサイファー・テック株式会社のサテライトオフィスを美波町に設け、間もなく株式会社あわえを立ち上げたのは、その前年の2013年だったことは以前にも触れた。明石が女子大生の発表を聞いたころ、地方創生はすでに時事用語になっていたが、どのようなことを指すかまではよく知られていなかった。

明石の頭の中に、ひとつのストーリーが浮かび上がった。都会の女子大生が過疎の問題をテーマに卒論を書くため田舎へ行く。地域の人たちと交流を深めるうちに大切な気づきを得、人間としても成長していく青春物語だ。

「若い子が一生懸命に取り組み、素晴らしい卒論に仕上げている。これに吉田さんの美波町での奮闘を組み合わせたらものすごく面白い話になるはずだ。そう考え、あらためて吉田さんを取材させてもらうことにして、大学にも詳しい話を聞きに行きました」

ロマンポルノからコメディー、エンターテインメント、観念的な作品までさまざまな映画を撮ってきた明石だが、個人的には社会性のあるテーマが好きだという。自分の故郷を舞台に、今日的なメッセージに富んだ作品が撮れそうだと思うと映画人の血が騒いだ。

細い糸を撚り合わせるように、資金を求め徳島を駆け回る

とはいえ映画作りは簡単なことではない。最大のネックは資金調達だ。小さな映画でも製作費だけで数千万円かかる。それでも明石が製作を決意したのは、故郷への思いだろう。

由岐にある実家の周囲の多くは半農半漁だった。海が遊び場で、子どもたちは潜って採ったアワビで小遣いを稼いだ。海が豊かで漁業もおおらかだったころの話だ。そうした光景は半世紀以上過ぎた現在も脳裏に鮮やかに焼きついている。今はわけあって都会で暮らしていても、多くの日本人には忘れがたい故郷がある。

「オール徳島で作ろうと決め、スポンサー探しに駆け回りました。自治体、銀行、新聞にテレビ……。親戚や知り合いの人脈もフルに使いました。コネでお金が集まるわけでもないんですが、僕が何者で、どういう映画を作ろうとしているかは伝わりやすくなりますから。ただ、時代があまり良くなかった。リーマンショックの前だったらお金も集まりやすかったんですけどね」

運の良いことにメインスポンサーは比較的早くに見つかった。これから上場予定のＩＴベンチャーで、社長が鳴門市出身。面白いといって名乗りを上げてくれた。だが目標額には達しな

い。繭《まゆ》の糸口を探りながら、糸と糸とを撚《よ》り合わせるように人脈を太くしていったものの、自分ひとりのネットワークには限界があった。

そんなときに救世主が現われた。徳島市内で病院を経営する理事長である。徳島新聞の記事を見て力になりたいと電話があり、地元企業や団体へ協力要請を買って出てくれたのだ。最後の不足分はクラウドファンディングで調達。ついに制作の目途《めど》が立った。

モデルとなった舞台は美波町であり、吉田率いるサイファー・テックのサテライトオフィスと、創業したばかりのあわえだ。半X半ITというライフスタイルを軸に、都会からの移住者、受け入れた地元の人たち、都会からインターンシップにやってきた女子大生が絡んでいく。涙と笑い、対立と和解、挫折と希望、愛と信頼などの要素が事実をモデルに織り込まれている。

主演は関口知宏。脇を固めるのは宇崎竜童、岩崎加根子、宮川一朗太といったベテラン陣だ。関口を主演に選んだ理由を、明石は次のように語る。

「彼は色に染まっていない俳優なんです。鉄道で世界中を旅する番組に出ていた人で、役者というより素の個人として顔が知られている。旅人のような視点で地方を客観的に見てくれたら、モデルである吉田さんに重ねやすい。選んだのはパーソナリティー性です」

子どもたちはなぜ外へ出ていってしまうのだろう

映画の中には印象的なシーンがいくつもある。たとえば宇崎竜童演じる地元漁師で、造船から中古漁船の販売、釣り具や干物のネット通販まで手がける岩佐辰夫が訥々《とつとつ》と語る言葉だ。

「魚にしても、ほんまは旨いのに見た目があかんといってほかされるんがもったいないで。加工して干物にしたら喜んでくれる人が案外おるけんな」

「幸いここには海も山も川もある」

「ここには学びや気づきがようけある」

吉田の言葉を語らせているようにも見えるが、この部分は実話だ。岩佐のモデルは田井地区に住む浜口和弘（70歳）。町の移住政策の陰の立役者のひとりで、吉田をはじめ都会から来た若者たちの相談役になってきた。男気があって面倒見が良く、周囲からも一目置かれている。岩佐の言葉は、目の前の浜で波乗りを楽しめるようなことこそ田舎の幸福であり価値だと直感、ついぞ都会へ出ることのなかった元祖ローカルサーファー・浜口自身の本音だ。

ある日、関口演じる主人公の徳永健志は岩佐に誘われ、地元の小学生が漁具を作る体験学習の場を見学する。楽しそうに眺めていると、徳永は引率の女の先生に声をかけられた。

「興味がおありですか？」

「ええ、子どものころは釣り竿も自分たちで作っていましたからね」

「こちらのご出身ですか？」

「そうです。高校までは」

「やっぱり」

「まあ、みんな就職とか進学で仕方なくここを出ていくけど」

「このごろはそれだけが理由じゃないんです」

「どういうことですか？」

「ここにはかっこいい大人がおらん。都会にはおるのにって。ほとんどの子どもが。ええもんは全部都会にある。だからこんなところにはおられんって」

田舎におけるかっこいい大人とは何か――。この問いこそが都会の女子大生の覚醒につながる作品の伏線であり、モデルである吉田自身がずっと大切にしてきた行動原理なのである。

かっこいい大人とは何かという暗喩として登場するのは、よそ者の活動を冷笑する地元の若者だ。徳永たちが居酒屋に入り注文を終えると、先に飲んでいた彼らが因縁をつけてくる。

「有名人はええのう。景気がようて」

「ほんまじゃ。どっかの補助金で酒も料理も頼み放題け」

人間ここまで卑屈になれるものか、というセリフは映画ならではだが、地域おこしに汗をかく人たちに対するこの種の誹謗《ひぼう》中傷は現実にある。ここまで露骨ではないが、吉田自身も似たような言葉を浴びせられたことがある。

「補助金や助成金を誤解している人が多いですね。好きに飲み食いできるわけなんてないじゃないですか（笑）。自分たちのお金で飲んでいても、得てしてそういう目で見られるのが地方創生関係の仕事。もう慣れましたけどね。雑音をいちいち気にしていたら新しいことなんてできませんから」

大人たちがネガティブな感情を充満させている故郷に、子どもたちは残りたい、帰りたいと思うだろうか。〈ここにはかっこいい大人がいない〉という子どもたちの言葉は、じつは過疎に悩む地域側への問いかけでもあるのだ。

映画ではもうひとりかっこいい大人が登場する。山間の集落でお茶を作って暮らす、岩崎加根子演じる老婆・坂東澄だ。澄はインターンシップに来た女子大生に心を開かない。世間一般の茶摘みのイメージで先端の葉だけ摘もうとすると、厳しくダメ出しをする。

「あー、あかんあかん、ここいらのお茶は番茶やけんな、下から思いきって摘まなあかん」

「はい」

「ほうよ、それくらい思いきって摘んだほうがええんじょ」

これを機に祖母と孫ほど年の離れたふたりは心を通わせていくのだが、この茶摘みのシーンは明石にとってとりわけ思い出深い部分だ。

「ロケ地は赤松という集落で、撮影をお願いしたのは赤川修也さんという大ベテランの撮影スタッフです。コマーシャル界の巨匠で、映画も長く撮ってこられました。じつは美波町の出身で、僕も偶然に驚いたんですが、吉田さんの母方の親戚なんですよ。生まれはロケ場所の赤松。最初の脚本には新芽を摘むと書いたんです。いわゆる一芯《いっしん》二葉《によう》。茶摘みは繊細な作業だと思っていたので。

そういうコンセプトで脚本を書いたところ、赤川さんが〝赤松番茶は違います！〟というんです。枝全部の葉をしごき落とすように採るんですと。そんなガサツなやり方は嫌だなというと〝直してくれないなら僕は降りる〟とまでいう。茶摘みの作業の相違で降板されても困るので（笑）脚本を書き直しました。

でも、こういうぶつかり合いが大事だと思うんですよね。おかげでリアリティーのある印象的なシーンになりました」

自分はさておき、人のために奮闘する〝ポンコツ〟を描いた

２０１９年に公開されたこの映画『波乗りオフィスへようこそ』は、じつは最初、違うタイトルだったそうだ。幻の題名は『ポンコツ』。明石が命名と改名の理由を明かす。

「吉田さんたち美波の人がよく使うんですよ。あいつ、ポンコツやからなあとか。世間的にはネガティブな言葉で、ネットで検索をかけても否定的な意味しか出てきません。できそこないとか、いかれた奴というふうな。でも、吉田さんたちが使っているポンコツにはどこか優しさが籠っていました。ポンコツの使い方には段階があるみたいですけれど、僕が注目したのは、自分のことはさておいて、人のことを考える人間。要領の悪い奴、お人よしという意味のときに使うポンコツ。隙だらけだけどパワーと愛嬌《あいきょう》のある人間。残念ながらスポンサーを交えた会議では受け入れられませんでしたが、ポンコツという言葉は、吉田さんのように他人のために

奮闘する人たちへの最大の褒め言葉だと今でも思っています」

この作品を境に、明石は自身の映画観が変わったという。地方を舞台にした作品は、それを見た観客だけでなくモデルとなった地域の人たちも元気にする。これも映画の力だ。社会の微《かす》かな風向きの変化を敏感に嗅ぎ取るのが映画だとすれば、地方の課題は絶好のテーマだ。次回作も構想中で、すでに脚本はできていると明石はいう。その舞台はどこだろう。

ＩＴセキュリティ技術の会社を経営する吉田が、地方に関わるようになったきっかけについてはこれまでも述べてきた。業務を拡大したくても、会社の知名度が低いために優秀なＩＴ技術者を都会で採用できなかったからだ。

徳島県のサテライトオフィス誘致事業に一縷《いちる》の望みを託し、自然豊かな田舎で職住遊近接の暮らしをしませんかと提案。それが功を奏したことで、地域の課題に効く処方箋を開発するあわえという新会社のアイデアが生まれた。

今考えると、吉田の眼は最近地方行政の合言葉になっているＤＸ推進も先取りしていた。人口減少は待ったなしの段階。国は人材不足に対処すべくＤＸで武装化せよと自治体の尻を叩く。

ＤＸとは、あらゆる機器をインターネットでつなぐＩｏＴ技術や、人工知能を使った劇的な業務改善のことだ。ＩＴは地域課題解決の大きな力になるという持論を展開してきた吉田には、まさに追い風が吹いているのだ。

とはいえ、その歩みは順風満帆だったわけではない。あわえ創業時に直面した大きな壁は、吉田自身の信用だった。当時の吉田は単身赴任の形をとっていた。両親の住む実家から美波町内のオフィスへ通い、ときどき東京の事務所にも顔を出す。地元出身なので顔見知りは多いが、それ以外の人から見れば東京から来ているお客さんだ。

起業家の吉田の場合は一見すると凱旋《がいせん》帰郷の印象もあり、誰もがその存在は知っているし期待もしてくれた。しかし、空き家活用事業など実務的な交渉の席では、話が核心に入るとなかなか腹を割った話をしてもらえない。

地元の人たちの意識には、吉田は美波町出身ではあるけれど軸足は東京にある人、というフラッグが立っていたのかもしれない。仲間と認められるには本当の意味の隣人になる、つまり住民票を移す必要があると考えた。

長男が小学校へ上がるのに合わせ、家族で正式に美波町へ移り住んだ第一の理由はそこにあるが、吉田にはもうひとつ大きな思いがあった。子どもたちに自分が味わったような体験をさせたかったのだ。

ウナギ釣りや清流遊び、虫採り、あるいは家で鶏を飼い、産みたての卵を食べる。生まれたヒナが雄だったら、いずれつぶして肉にする。都会の暮らしでは絶対にできない深く濃密な体験が、自分の感性や価値感、幸福実感につながってきたという確信が吉田にはある。

毎年10月、日和佐八幡神社の秋季例大祭に合わせて催行される伝統祭りの「ちょうさ」も、吉田の故郷への愛を育んできた存在のひとつだ。

3年ぶりに催行されたちょうさ祭で考えたこと

ちょうさは総重量1t近い太鼓屋台だ。金糸のしめ縄や色鮮やかな布団、房などで飾り立てられている。太鼓で音頭をとる打ち子と呼ばれる子どもたちを乗せ、大勢の男たちが練り歩く。

こうした乗り物は神輿《みこし》と呼ばれることもあるが、神輿は文字どおり神様の鎮座する輿で、ちょうさには神様が乗っていない。日和佐八幡神社の秋季例大祭の場合、神輿は別にある。氏子が担ぐ金神輿だ。ちょうさはこの金神輿を扇の要とする例大祭への奉納という形で、江戸時代から運行されてきた。

２０２２年10月8・9日は、コロナによる自粛が解けて3年ぶりとなるちょうさ祭だった。吉田にとってはとくに思い入れの深いちょうさ祭となった。

「休止になる前年のちょうさ祭のとき、僕は3日前にステージ4のがんと医者から宣告されたんですよ。しんどいだけでどこかが痛いわけではなかったので、担ぐには担ぎましたが、精神的にかなり参っていて、その年のちょうさ祭のことはよく覚えていません。

入院したときに思ったのは、もうちょうさは担げないかもしれないな、ということでした。日和佐の男としては手に持っていた宝物をもぎ取られたような感覚。治療は順調でしたが、ちょうさ祭は2年目も休止になり、3年目も難しい選択を迫られました。僕ら世代はもう年寄り的な立場なので祭りの決定に加わりません。若い人たちと日和佐八幡神社、氏子総代の判断となります。やると決まったと聞いたときは、胸をなでおろしました」

吉田によると、阿波おどりとちょうさ祭はリズムが聞こえてきただけで体が勝手に反応するという。古来人々は祭りによって仲間意識を確認し、恵みと安寧《あんねい》を支配する自然を崇《あが》め、象徴として神という存在を創造した。祭祀《さいし》の歴史は古く、縄文の昔から行なわれていたことがわかっている。祭りが近づくと血が騒ぐのは、コミュニケーションする動物、人間の性《さが》なのかもしれない。

「久しぶりに体の中が覚醒しました。ああ、これこれ、この感覚だと。祭りは2日間行なわれますが、クライマックスは2日目の本祭りです。ちょうさは8つの町内会が持っていて、順番に境内を練り歩いて最後は海に入るんですが、責任者が今から行くぞと笛を吹いた瞬間は、体が総毛立ちますね。

屋台の上で太鼓を打つのは小中学生です。昔は太鼓を打てるのは男子、しかもエリートだけ。今は女の子も打ちますが、本祭りの打ち子になると、スポーツ万能の子や勉強ができる子より女の子にもてたものです。

ですから、僕は目の色を変えて太鼓の練習をして、中学のときに晴れて本祭りの打ち子となりました。やっと手にしたポジション。そしてステータス。ですから息子も打ち子にしたかった。息子を乗せたちょうさを担ぐのが、日和佐地区に生まれた男の有終の美であり夢なんですよ。家族で美波に帰ってきたときから、その日が来るのを願っていたのですが、3年ぶりにちょうさが催行された去年は、その念願がようやくかなったんです」

吉田にはもうひとつ感慨深い思いがあった。自身が創業した3つ目の会社、四国の右下木の会社は、使われなくなって荒れる一方の里山に手を入れ、伐った木を木炭や薪として再び社会に流通させることに挑戦している会社だ。伐採による植生の新陳代謝で、生物多様性に富んだ持続的な森林生態系も復活できる。こうした林業は美波町がある四国南東部のかつての基盤産業のひとつで、樵木林業と呼ばれていた。

ちょうさ祭と樵木林業の意外な関係に驚かされる

「僕もここ数年で知ったのですが、ちょうさ祭は樵木林業に深く関わっているんです。日和佐のちょうさは関西から持ってきた祭りだと伝わっています。戎《えびす》町にあった谷屋という廻船問屋が、買ってきたとも、職人をわざわざ呼んで作らせたともいわれています。寛政7年（1795）だったかな。そのちょうさを日和佐神社の秋季例大祭に合わせて担がせた。するとほかの町内会の人たちもやりたくなり、太鼓屋台を作るようになったといわれています。

ちょうさは谷屋という商人が始めたことはなんとなく知っていましたが、谷屋がどんな商いをしていたかは知らなかったんです。美波に帰ってきたとき、僕は生まれ故郷がさまざまな課題に直面していることをあらためて知りました。それが地域の課題を解決するあわえという新会社を立ち上げたきっかけでしたが、あわえだけでは担えそうにない課題がありました。

長い間伐らなかったことで木が太くなりすぎ、価値を失うだけでなく、斜面崩落やナラ枯れなどの問題が連鎖的に起こる。そうした放置林をなんとかするには、林業専門の会社が別に必要だと痛感しました。調べていくうちに、自分が大好きなちょうさを導入した谷屋が、じつは樵木林業の支え手であったことを知ったのです。このあたりから伐り出した薪や木炭を船で京阪神に送り出していた。僕がやろうと決意したことは、まさに200年前に谷屋さんがやっていたことなんです」

祭りには地域の結束を確認し合う役割もあるが、人口減少社会はそのエネルギーをも徐々に削いでいる。ちょうさ祭に勢いがなくなってきていることは、吉田も帰省のたびに感じていた。

「だいたい35歳くらいのときに祭りの責任者を務めます。ほかの町内会と話をしながらちょうさの運行を取りまとめる役です。同級生が責任者になったとき、僕は久しぶりに帰ってきてちょうさを担いだんですが、そのとき感じたのは、あれっ、こんなに人が少なかったかなということでした。

ちょうさはものすごく重くて1tくらいあります。初日は町廻《まわ》りといって町内を練り歩きますが、このときは台車に乗せて曳《ひ》きます。翌日の本祭りは担ぎっぱなしです。人数が少ないと持ち上がらないので50人は必要ですが、ある時期から人が揃えられなくなったんですね。同級生が責任者を務めた15年くらい前にはすでにそういう状況になっていて、ほかの町内会から助っ人に入ってもらっていました」

前述のように、かつて太鼓の打ち子は男子だけだった。近年は女子も叩くようになった背景には、ジェンダー平等という時代性もあるが子どもの数が大きく減っていることが大きい。今はちょうさを持つ町内会以外の子も屋台の上に乗る。吉田がしみじみという。

「よその人間が自分のところのちょうさに乗ったり担ぐなんて、昔は絶対考えられなかった。むき出しの対抗意識があって、漁師町の人なんかはとくに荒っぽかったです。僕が子どものころはちょくちょく喧嘩があったし、泥酔してそのへんに転がっている人もいた。ほかの町内会の屋台の担ぎ棒を踏もうものなら、ただでは済みませんでした。

人が減っているのは確かですけど、担ぐ力も衰えていますね。今はほとんどの人が勤め仕事で筋肉を使っていないでしょう。昔は何をするにしても力仕事ですから、人間としての膂力《りょりょく》が違った。ちょうさはそういう時代に作られたものなので、人が減ればもっと担げない。今は初日の町廻りのときには台車を使いますが、昔は2日目の本祭りと同様に担いで練り歩いていたそうです」

今も表向きは町内会同士が張り合っている体に見えるが、じつは協力もし合っている。担ぎ手が足りない町内会には応援がつく体制ができている。

「当日も目を合わせるとわかります。うち、人が足りないんやと訴えているのが。自分のところが足りていれば行きますし、行けなくても行けそうな町内会の知り合いに声をかける。責任者が直々に頼みに来ることもあります。

古いOBの中には面白くない人もいます。今の若い連中は仲良しこよし。なんやあれは、という感じで。でも、こういう時代だからこそ移住者も祭りの輪に入りやすいし、移住者でない人にも応援を頼みやすいんです」

よそ者に頼るほど落ちぶれてはいない――。かつてはそんな空気もあったというが、背に腹は代えられないことを今は多くの人が理解している。

本当の関係人口について祭りから考えてみる

吉田が経営する3つの会社（サイファー・テック、あわえ、四国の右下木の会社）の美波町在住者はほとんどが移住者だが、いずれのメンバーもちょうさの重要な担ぎ手だ。それだけにとどまらない。美波町にサテライトオフィスを開いた都会の企業の社員も、祭り当日は仲間を引き連れてちょうさを担ぐ。町に縁がある県職員や大学の研究者と学生、野球の独立リーグ・徳島インディゴソックスの選手たちも応援に駆けつけてくれるそうだ。

「身内ってなんだろうということだと思うんです。かつての身内、今の身内、これからの身内。身内という感覚に対する定義を変えれば祭りは続けていけるし、それは地域の未来をどうするかというヒントにもなるはずです。動物も植物も、変化すべきときに変化したものが生き残ってきました。変わっていくことは少しも悪いことではない」

近年、関係人口という言葉が注目されている。移住者だけでなく、その地域に関心を持つ交流者を増やすことが地域活力の維持になるという意味だ。イベントやふるさと納税も関係人口づくりの一手だが、来訪者や利用者すべてが関係人口にカウントできるかといえば、そうではないと吉田はいう。

関係人口の前提にあるのは長期的な信頼だ。毎年ちょうさを担ぎに駆けつけてくれるような人たちこそ、地方が大切にすべきこれからの身内だろう。

**子どもたちが憧れる
「かっこいい大人」には
どうすれば
なれるのだろうか?**

6 頼れる御用聞き

サテライトオフィス誘致を中心とした地方創生事業に乗り出した株式会社あわえが、２０１９年から始めたのが地域×Ｔｅｃｈである。

地方自治体が抱える課題や悩みはさまざまだ。一方で全国には、知名度は高くなくてもＩＴを活かした独自技術やノウハウを持ち、それらの問題を解決しうる会社がたくさんある。需要と供給は潜在的には一致している。だが、両者がつながっている気配はなかった。

その現状を、吉田は自身が経営するあわえの事業の中でも痛感していた。同時に、マッチングはなぜ進まないのだろうかと考えた。サテライトオフィス誘致事業をしている中で驚いたのが、企業の貢献意識の高さだ。自分たちが持つ技術や製品を活かせるような過疎地域はないか。地方は今、どんなことに悩んでいるのか。サテライトオフィスに関心を示した企業の多くから、そんな質問が次々に出たのだ。

「出会いの場を作るべきだと感じました。地方の課題を解決する技術の見本市です。見本市といえば東京ビッグサイトや有楽町の東京国際フォーラムなどが有名です。僕はある時期から、最新情報はすべて東京に集まるという姿勢のイベントに懐疑的になりました。

地方自治体が抱えている課題・問題というのはひとつの部署に限りません。農林水産、商工観光、防災を扱う土木・建設、そして福祉などの部署。行政の視野はつねに３６０度。つまり全方位で地元を見ているわけですが、いろんなところに課題が転がり、また、日々発生しているわけですね。

東京で開かれる大きな見本市に行けば、たとえは良くないかもしれないけれど、問題解決につながりそうなさまざまな武器の存在を知ることができます。けれど、その情報を喉から手が出るほど欲しがっている担当者が、簡単に東京へ行けるかというと、そうではないんですよ。公務員には出張規定という壁があります。攻めのポジションである観光振興や、中央省庁とつながる部署は比較的東京に出やすいといえますが、多くの部署は守備型の業務。そもそも十分な出張予算が積まれていない。最新の武器が気になっても、それを見に行くという理由の東京出張は申請しにくいし、稟議《りんぎ》もなかなか通らないんです」

そこで吉田が考えたのが、全国をブロックにした地方開催の見本市『地域×Ｔｅｃｈ』だ。地方創生をテーマに掲げながら、この種のコンベンションやフォーラムが開かれるのは前述のように東京で、ほかに開かれても大阪ぐらいである。しかも行政ならではの事情で、最新の武器を持つべき現場担当者がなかなか参加できていない。

「矛盾ですよね。東京という場所のすごい点は、たくさんの人が来ることです。でも僕は思いました。このうち、本当に武器を欲しがっている人の割合ってどれくらいなんだろうと。

じつはそれほど切実な課題意識は持っていないけれど、東京に出やすいポジションだという理由で来ている人も多いのではないですか。金曜日に出てきた。けれど心は出張にくっつけた土日の休暇のほうにあったとしたら、来場者数という評価軸もあまり意味がないんじゃないか。

その出張は本当に意味があるんですか、ということです。ブースを出展している企業のほうも、川の流れのように次々と押し寄せてくる来場者を受け止めきれていないのが現状でしょう。人が多すぎると本当のお客さんを見定められないし、話もじっくりできないのではないかと思ったのです」

来場者が熱心なほど企業とのマッチングは成立しやすい

ともすれば批判の的にさらされやすい地方自治体だが、国からは予算を減らされ、配置する人員も削らざるを得ない。国からは次々とお題が降りかかるが、これまで抱えてきた課題も重みを増すばかり。にもかかわらず、その苦労は住民によく理解されていない。そんな地方公務員をサポートするのがＴｅｃｈ、すなわち技術と情報だという確信が吉田にはあった。

都道府県をいくつかのブロックで区切り、それぞれの中心地域で開催すれば、東京までは出張できなかった地方公務員も参加しやすくなる。熱心な来場者であるほど、出展企業とのマッチングも成立しやすくなる。

日帰り出張が可能になり、異なる部署の職員が1台の車に乗り合わせて来れば、日ごろは窺《うかが》い知れなかった互いの仕事上の悩みも理解し合うことができる。むしろ、東京ではないほうがいい——。吉田はそう判断した。

地域×Ｔｅｃｈは仙台から始まり、次いで京都でも開催が決まった。コロナ禍の間はオンラインとの複合開催だったが、コロナがインフルエンザレベルの5類に変更された２０２３年5

月には、3つ目のブロックとなる九州地区でも開催されることになった。

会場となったのは福岡市博多区にある博多国際展示場&カンファレンスセンターの2階フロア。東京ビッグサイトなどとは比較にならないほど小さな箱（施設）だが、地方の課題について語り合うにはほどよいサイズに思われた。

私が到着したのは初日の昼だった。会場はすでに人がいっぱいで活気に満ちていた。いくつかの講演も用意されており、いずれも発表時間には満席になったのが印象的だ。

たとえば自治体関係者で最も関心の高いテーマのひとつがDXである。DXを語れる識者は多いが、あわえでは苦労して導入にこぎつけた自治体の担当者に声をかける。演者の任ではないと固辞されることがしばしばだが、同じ地方公務員の失敗と苦労、そして成功への道のりは、後に続く公務員にはまさに生きた事例だ。頼むというより、口説き落とす感じに近いこともある。

そう、誰もが情報を欲しているのである。吉田自身のこれまでの経験談にもリクエストが多い。地方の行政職員は、ネットで検索するだけではわからない、ディテールの細かいリアルな話を知りたがっているのである。

あわえが募集した出展対象事業者はさまざまだ。ブース配置図に沿って記すと、以下のような分類になる。

DX推進／ネットワーク強靱《きょうじん》化／自治体運営効率化・働き方改革／関係人口創出・観光／産

業振興（商工、農業）／防災・安全／ＧＸ（グリーントランスフォーメーション）／地域交通・ＭａａＳ《マース》（新型地域交通による移動や決済システム）。

コーナーは色分けされ、まさに地方自治体が今直面している問題、今後の宿題として会場内に一覧化されていた。ブースを歩いてみると、実際にそうしたニーズに応える技術を持つ、あるいは事業展開を進めている企業がたくさんあることもよくわかった。誰もが知る大企業の関連会社もあれば、地方の小さな会社やベンチャーも多い。

買いたい側は地域課題に効く強力な武器を探している。売り込みたい企業の側も、ニーズを聞き漏らさないよう一生懸命だ。漂っていたのは、巨大コンベンションからは薄れてしまった市《いち》らしい人の熱気だった。以前読んだ交易史の本には、たしかこんなことが書かれていた。〈市は交換経済の場だが、情報流通の役割も担ってきた〉。物と情報は人間の営みに不可欠な存在という意味だ。地域×Ｔｅｃｈ九州の活気を見て、そんな話を思い出した。

形骸化した官製イベントとは一線を画す見本市に

地域×Ｔｅｃｈの責任者は社長室長の天野桂介（55歳）だ。以前からの知り合いだった吉田に誘われ一緒にこの新規事業を立ち上げた。地域×Ｔｅｃｈの枠組みは、見本市事情に通じた天野なしに作れなかったと吉田は語る。

「地方自治体を支援するイベントって多いんですけど、中央省庁発の場合、形骸化も見られます。受注企業はだいたい決まっていて、そういう業者はイベントを仕切ることには長《た》けていますが、企画の密度へのこだわりが強いとはいえない。一定の参加者を確保できればいいので、有名人を呼んでくればOK、みたいになりがち。納得がいかないのは、それら官製イベントのお金の出どころが税金である点です。発注側にビジネスの視点がないのでモチベーションも質も上がらない。それらと一線を画すには、自分たちで理想とするイベントを起こすしかない。そう思って天野の力を借りたんです」

地域×Techは、参加企業にブース料を払ってもらうことで収支を合わせている。客である立場の地方自治体職員は来場無料だ。では、地域×Techの事前プロモーションはどのように行なっているのだろう。天野に尋ねると、意外な答えが返ってきた。

「いろんな手段を使います。もちろんネットによるインフォメーションは前提のひとつですが、相当アナログな手段も用いています（笑）。人の心にきちんと思いを届けるという意味では、今もアナログのコミュニケーションが最強だと思っています。

地方自治体の方にぜひ知っていただきたいイベントがあるんですが、来ていただけませんかと、朝から夕方まであらゆる手段を通じて訴えかけ続けます。そのとき、何かそちらでお困りになっていることはありませんかとお尋ねするのも忘れません。

すると、じつは最近、国が盛んにDXというものだから上司からお前がやれと指名された。でも何をどのようにやったらいいかわからない。DXの次はSDGsとGXだ、これからは横串の時代だともいわれたが、隣の部署の担当者に聞いてみたら、やっぱりわからないといわれたといったような話が出るのです。

だったら、その悩みを解決できる技術を持つ会社を調べて声をかけ、出展に誘えば双方に喜んでもらえます。つまりうちは、地域課題の御用聞きを徹底的に行なってきたんです」

吉田も天野も、何においても人と人が出会うリアルさが重要だと語る。最近メタバース（仮想空間）や生成ＡＩが注目されているが、それらをテーマにしたエキスポであってもリアルは切り離せないだろうという。生身の空間で交わされる対面の情報には、想いや情熱も乗せることができるからだ。

じつは、継続出展している企業には東京の地方創生関連イベントにも出ているところが少なくない。地域×Ｔｅｃｈにも参加するのは、来場者の熱心さに可能性を感じてくれているからではないかという。

天野がしみじみという。

「九州での開催は初めてですが、今日のお客さんの雰囲気を見ると明日もだいぶ来られるでしょうね。２日間で１０００人くらいになるんじゃないですか。ひとつの役場から複数の職員が来られた自治体がたくさんあります。議員がバスを仕立てて参加されたところもあったようです。東京などで開催される地方創生の展示会よりは小ぶりですけれど、質の高い展示会になっているということでは、大いに胸を張ることができます」

なぜ地方銀行は無名の地域×Ｔｅｃｈに協力してくれるか

吉田率いるあわえの想いと情熱が動かしたものがもうひとつある。協力企業だ。仙台で開催の地域×Ｔｅｃｈ東北では七十七銀行が、京都で開催の地域×Ｔｅｃｈ関西では京都銀行、そして博多で開催した地域×Ｔｅｃｈ九州では福岡銀行が協力社として名を連ねている。いずれも地方経済をその中心で支えている金融機関である。片や、株式会社あわえは四国の右下の過疎の町にある、生まれて10年そこそこのベンチャーだ。規模でいえばゾウとネズミほどの差があるが、それら老舗地方銀行は、なぜ地域×Ｔｅｃｈの協力に相次いで名乗りを上げてくれたのか。

地域が安定するための大前提は、コミュニティーの活力だからだろう。人口が減っていく中でも、工夫をすれば手を打てる方法はまだまだある。〝にぎやかそ〟という考え方がこれからの地方が目指すべき方向性だという吉田の論は、金融界にもしっかり届いていたのだ。

地方を取り巻く現状や予測される未来像を合わせると、これまで抽出された課題・問題がすべて初手のうちに解決するとはとうてい思えない。

そのためにも、全国全ブロックでの開催を目指し、最新の武器との出会いの場である地域×Ｔｅｃｈを進めていきたいと考えている。だが、定期開催を行ないながら新たなブロックを増やしていくのは非常に手間がかかるのも事実である。規模拡大だけを追い求めず、質にこだわって丁寧に創り上げていくことが大切だと吉田は語る。

地域×Ｔｅｃｈの全ブロック開催が実現したとき、地方自治体のトランスフォーメーションに必要な武器は、ひとまず広く配備されることになる。課題は、その技術や情報を地方自治体の側がどう使いこなすかだろう。


株式会社あわえの事業は、大きく分けると2本の柱からなる。

1本はサテライトオフィス誘致を中心とした地方自治体支援事業。もう1本はＤＸ・環境・防災など新たな課題への対処を次々に求められている地方自治体と、それらを解決しうる技術を持つ企業との出会いの場を作る地域×Ｔｅｃｈ事業である。

今は地方自治体支援の枠内にあるものの、長期的な視野で見たときに大きな社会的意味合いを持つであろうと思われる事業が、２０１６年から始まったデュアルスクールだ。

デュアルスクールとは何か。あわえのホームページにあるメッセージを借りることにしよう。


学校はひとつじゃなくてもいい。

子どもたちが、学ぶ場所を選べる未来へ。

デュアルスクールとは、地方や都市など異なる地域の学校の行き来を容易にし、双方で教育を受けることができる多地域就学制度です。

大人の働き方改革が進む中、サテライトオフィス先や二地域居住先、出張ベースでお父さんお母さんに付いていきたい！という家族の声に応え、居住地とは異なる生活を通じて、地方と都市のそれぞれの良さや違いを知り、多様な価値観を持った子どもの育成を目指しています。

これまで述べてきたように、サテライトオフィスは、本拠地以外の地域に働く場を設けることで〝暮らす〟という意識の感覚を広げ、社員の多様なニーズにも応えるしくみだ。職・住・遊が近接した暮らしは時間にゆとりをもたらし、楽しめることの選択肢を増やす。社員の幸福度を高めるだけでなく、労働生産性の向上にも寄与する。リフレッシュを実感したことでアイデアが生まれやすくなったり、より質の高い仕事ができるようになったりすれば、企業にとっては経済効果にもなる。

サテライトオフィスは、徳島県を皮切りに今まさに全国に広まっているところだが、模索の過程で浮かび上がってきた課題が子どもの就学だ。親はサテライトオフィスで働きたくても、義務教育年齢の子どもがいる場合はなかなか踏みきれない。吉田は語る。

「この期間とこの期間だけは親が滞在している地方の小学校に通学する、というような形式は前例がなかったんですね。どうしてもそのようにしたければ転校しなければならなかったし、住民票も異動しなければならない。これからは働き方改革だといっても、そうした前例主義が立ちはだかっている限りは実現できないのです」

デュアルスクールのアイデアは、吉田自身の家庭事情から生まれたものだった。２０１３年、それまで東京・神楽坂にあったサイファー・テック株式会社の本社を美波町へ移した。これにより、社員は希望によって東京でも徳島でも自由に働けることになった。

同じ年、吉田は地方創生に特化した新会社のあわえを美波町に設立する。

この時点の吉田は、まだ東京と徳島を行き来する二地域居住者だったが、心の中では、長年抱いていた個人的な願望が大きく膨らんでいた。

「息子を僕の出身校である日和佐小学校に通わせたかったんですよ。男の子が生まれたら、自分が子どものときに味わったように川遊びやウナギ釣り、アユ突きのような楽しさを体験させてやりたい。鶏も飼って、ときには自分で捌かせてみたい。秋のちょうさ祭では屋台の上で太鼓を叩かせ、その屋台を僕が汗をかきながら担ぐ。

そういう男の夢を、妻と結婚するときに語っていたんです。結婚したら子どもは何人欲しいとか、こんな家に住みたい、あんな犬を飼いたいといった、よくある話と同じです。まだサイファー・テックの美波ラボがなかったころなので、まったくの夢物語でした。

ところが、その後状況が大きく変わってきました。僕は地方創生という新規事業のために東京と徳島をひんぱんに行き来するようになり、東京で生まれた息子は気がつくと３歳になっていました。漠然と抱き続けてきた夢が、急に解像度を増してきたわけです。

その年の正月休み、僕は越後湯沢のスキー場へ向かう車の中で、妻に所信表明演説をしたんです。息子が小学校へ上がる3年後に、今住んでいる東京の板橋区から美波町へ家族で移住したい。ついてはそれまでにいろんな準備をしておいてほしいと」

妻の朝子《ともこ》は難色を示した。夢物語のうちは聞き流せるが、実際に移住を実行するとなると話は別である。朝子はキャリアウーマンだったが、幼い長女と長男を抱えたこの時期は専業主婦をしていた。東京生まれの東京育ち。昔からの友人もママ友も、ほとんどが東京在住だ。四国の遠い田舎に引っ越すということは、そうした友人関係に大きな区切りをつけることを意味する。

「僕としては、田舎での暮らしには車が絶対にいるから運転免許をとってほしい、くらいのつもりだったんですが、妻には妻のさまざまな思いがあるんだということがわかりまして。

家族で移住するという話はいったん脇に置き、僕の出張に合わせて家族を連れてこられるようにするにはどうしたらいいだろうかと考えました。思い浮かんだモデルが、娘と息子が板橋区の学校に籍を置いたまま日和佐の学校にも通って勉強できるしくみ。つまりデュアルスクールです」

受け入れることはできないが、送り出すことなら可能

学校教育制度の中に二重在籍というしくみはない。住民票がそうであるように、籍を置く学

校は基本的にひとつでなければならない。したがって仮に短期であっても、別の学校へ通うには転校手続きが必要になる。戻ってくるときはまた同じ手続きを踏まなければならない。二地域居住のようなライフスタイルが生まれるなどとは予想もできなかった時代にできた決まりだから、仕方のないことだろう。

しかし、地方創生に掲げられたミッションのひとつである〝関係人口〟の呼び込みを考えたとき、子どもの就学における籍の問題は避けて通ることができない。

利用企業側からの評価が高いサテライトオフィス事業も、制度を使いやすい社員はもっぱら男性で、女性、ことに子どもを持つ社員には使いにくい現状があったと、吉田は振り返る。

「たまたま徳島県教育委員会の方と知事にお会いする機会があったので、お伺いを立ててみたんです。ふたつの学校に籍を置いて自由に行き来できる制度はできないですかと。実現すれば徳島県の関係人口はもっと増えるし定住の布石にもなるというと、県知事も教育委員会の方も面白いといって動いてくださることになりました」

だが、間に立った徳島県教育委員会の担当者が持ってきたのは残念な報告だった。例外的な就学要望に個別の対応はできないので受け入れられないとの回答が板橋区からあったのだという。ひとつ例外を認めると原則が次々に崩れてしまう、ということらしい。

「吉田さんの思い描く就学スタイルは無理なようですと伝えられました。ただ、ひとつヒントをもらいまして。板橋区としてはほかの自治体の学校に通う子どもを受け入れることはできないけれど、板橋区からほかの自治体へ送り出すことは可能だというものでした。

妻も最終的には美波町への移住に同意してくれたので、すでに小学生だった長女は転校、長男は入学という形で日和佐小学校に通うことになりました。つまり吉田家としてはデュアルスクール制度を使うことはなかったのですが、都会の学校に籍を置いたまま田舎の学校に通わせることは可能なことがわかったので、引き続きあわえの事業として取り組むことに決めたのです」

子どもが子どもに、田舎ならではの魅力を伝える

前述のように、吉田の折衷案は当時住んでいた東京・板橋区の小学校にふたりの子どもを通わせながら、ときどき自分が滞在している美波町に呼び寄せるというものだった。

地方創生の観点から考えても、田舎の子を都会へ送り出すより、都会の子を田舎に迎え入れるほうが意義は大きい。その教育効果が評価されれば、やがて本当の意味の相互交流も可能になるだろう。事業としてスタートしたのは徳島県が予算を組んだ２０１７年。しばらくは吉田自らが担当した。

「ゼロイチ、つまり0だったものから1を生み出す事業ってむちゃくちゃエネルギーがいるんですよ。すでに1という存在のものを5や10に育てるのとはわけが違う。ゼロイチを目指す人間って馬鹿と紙一重です。

なぜ僕が自らやったかというと、組織としてゼロイチができるのは全権限を持った人間だけだからです。県の予算が決まる前の年から東京に行って学校や教育関係の会社を回ってヒアリングをしてきました。つまり手弁当ですが、それができるのも僕が会社の中で権限を持っているからです。

最初の利用家族も自力で探してきました。なぜかというと、デュアルスクールのようなまったく新しいことが世の中に認知されるまでにはある程度時間がかかるからです。事業概要が発表されてもすぐ応募があるとは思えなかった。ですから、サテライトオフィス事業に参加した企業に、今度こういう制度を始めますので、ぜひ活用してくださいとお願いして回りました」

デュアルスクール活用の第1号は、美波町にサテライトオフィスを設けている企業の女性スタッフだった。小学1年生になる息子がいた。美波町へ下見に来たとき、案内役を買って出たのはすでに2年生になっていた吉田の長男である。一緒に川で遊んだり、海で釣りをした楽しさが決め手となったようで、その子は3年間で計5回ほど、美波の自然や風土を満喫しながら日和佐小学校へ通った。

コロナを奇貨として、相次ぐようになった問い合わせ

デュアルスクール事業は、その後、3人のスタッフを中心に展開されている。あわえ地域事業部の久米直哉（1970年生まれ）と中野美優《みゆう》（1999年生まれ）、そして吉田も理事と

して名を連ねる一般社団法人ミライの学校代表理事の高畑拓弥（１９８９年生まれ）である。

「最初の３年は実証実験フェイズで、受け入れ自治体も県南の美波町と海陽町だけでした。問い合わせも多くはなく、制度の利用者も３家族止まり。２０１９年には県西の三好市と阿波市、吉野川市でも受け入れが始まりました。ところが、これからというときにコロナの問題が起きてしまいまして。事業はいきなり厳しい状況に置かれましたが、悪いことばかりではありませんでした。三密の回避、リモートワーク、おうち時間といった概念が浸透し、デュアルスクールへの問い合わせがすごく増えるようになったんです」（久米）

徳島県内でデュアルスクール制度に手を挙げていない市町村は、都市部を中心とする９自治体程度。２０２３年度は16件の成立を目標にしてきた。

コロナは子どもたちのメンタルも変えたと高畑はいう。高畑は教育ベンチャーとして高校の魅力化事業などに取り組んでおり、教育事情に詳しい。

「コロナの最初の２か月間、子どもたちはコミュニケーションを禁じられました。マスクの着用を強いられ、友達としゃべることも体を触れて遊ぶことも禁じられました。あれから前の状態に戻れなくなってしまった子も少なくないんです。先生や友だちが嫌いだというわけでもないんですが、学校に行く気力が湧かない。コミュニケーションの方法を取り戻すという意味でも、都会の子が人数の少ない田舎の学校に通うことは今までに増して意味を持ち始めているように感じます」

とはいえ、マッチングは簡単なことではない。どのような学校に通わせたいかという要望を聞きながら、適した受け入れ先を探し仲立ちする。その調整に日々心を砕いているのが中野だ。

「半分ほどの方はなんらかの課題感を抱いて相談に来られます。端的にいうと、お子さんが今の学校になじめていないように思える。ほかにどんな選択肢があるのか。その可能性をデュアルスクールに求めているという印象です。

たとえば音に対する感受性が強く、自然の音は大丈夫だけど工事の騒音のような生活から出る大きな音が聞こえると混乱してしまうとか。2E ギフテッド（※）のようなお子さんもいます。なぜ都会の学校では合わなかったのか。人数が多いがゆえに、その子の特性がちゃんと理解・共有されていなかっただけだと思うんです。デュアルスクールに来てからは、普通にコミュニケーションがとれるようになったという子も多いんです。小さな学校や田舎のコミュニティーには、互いの違いを理解し合える土壌のようなものがもともと存在すると感じます」

では、受け入れ側の学校や先生たちは、デュアルスクール制度をどのように評価し、また期待を寄せているのだろうか。

自然豊かな場所に二地域居住の拠点を設けることで、社員の働き方の選択肢を増やす。職・住・遊の環境を時々変えると、仕事でもプライベートでもリフレッシュ効果が生まれ、社員のウェルビーイングが向上する。メンタルが高まれば企業のレジリエンス、すなわち回復力やし

※2E ギフテッド　ADHD（注意欠如・多動症）などをあわせ持つ高IQ者

なやかさも増す。

サテライトオフィスの効果はそれだけではない。こうした働き方を取り入れる企業はＩＴ分野が多い。ＤＸは地方自治体が今最も関心を寄せている分野であり、サテライトオフィスの設置をきっかけに双方にメリットのある提携が各地で生まれつつある。

サテライトオフィス誘致は、株式会社あわえが創業以来力を入れている骨格事業だが、このアイデアには死角もあることに吉田は早い段階から気づいていた。サテライトオフィスを利用する社員の子どもたちの教育である。

親がサテライトオフィス勤務を気に入っても、夏休みや冬休みでもない限り、家族を長期で伴うことは難しい。子どもの学校があるからだ。

そこで、住民票がある都会の学校と、サテライトオフィスがある田舎の学校とを自由に行き来できるようにした制度がデュアルスクールである。働き方が柔軟になっても、教育構造が硬直なままでは真のイノベーションは起きない。住民票を異動させることなく、ふたつの学校で義務教育を受けることができる。つまり保護者とともに田舎に滞在しても、そこの小中学校に通った日は居住地域の学校に出席したとみなされる。それがデュアルスクール制度だ。吉田が教育委員会や行政と粘り強い対話を重ねて作り上げたしくみである。

デュアルスクールは、２０２２年にＧマークで知られるグッドデザイン賞のベスト１００と、金賞（経済産業大臣賞）を受賞した。同賞は60年以上の歴史がある表彰制度で、意匠だけでなく理想や目的を果たすために生み出された斬新な物事すべてを「デザイン」と位置づけている。つまり、すぐれた取り組みに対するお墨付きでもある。

とはいえ、デュアルスクールの歩みは必ずしも順調ではなかった。実証期間を経て、これからというときに新型コロナウイルス問題が起きて足踏みを強いられたからだ。だが、世の中は何が幸いするかわからない。コロナ禍を境に問い合わせは増えるようになった。

当初はサテライトオフィスの誘致企業を想定した事業だったが、コロナでリモートワークが急速に普及したこともあり、新たなライフスタイルを模索するファミリーが注目したらしい。

学校統廃合の問題から見たデュアルスクールの可能性

徳島県那賀町立相生《あいおい》小学校の谷多美子《たにたみこ》校長は、前年度で閉校になった同じ町内の平谷《ひらだに》小学校から着任した。相生小は初めてではなく教頭時代に4年勤務したことがある。実家は那賀町の中でもさらに山深い木頭《きとう》地区。緊急時にすぐ学校へ駆けつけることができるよう、校長になってからは中心地のアパートに住んでいる。それでも学校からは車で15分はかかる。

谷校長の通勤スタイルからも想像がつくように、那賀町は広大だ。平成の大合併で木頭村、木沢村、上那賀町、相生町、鷲敷《わじき》町の5つの町村が一緒になり、面積では徳島県で2番目に大きな自治体になった。だからといって過疎の問題が解決したわけではない。学校の統廃合問題も同様だ。

自治体の再編については平成の大合併で一応の決着をみているが、学校の合併である統廃合は、令和になった現在も全国各地で続いている。

そんなふうに、何かと悲観的に見られる過疎地域だが、質の高い自然は多い。そんな田舎と人口過密で自然が乏しい都会とをスパークさせると、何か新しいことが生まれるはずだというのが、つねに自分の本能的直感を信じてきたと称する吉田の考えである。

相生小は、２０２３年度に初めてデュアルスクール生を受け入れた。大阪からやってきた６年生の女子だ。

谷校長は、デュアルスクールの構想を最初に聞いたとき、どのような印象を持ったのだろうか。

「すばらしいアイデアだと思いました。都会から来た子にとって良い学びになるだけでなく、受け入れた学校の子どもたちにも良い刺激になるはずなので。私は、田舎の環境はすばらしい教育力を秘めていると日ごろから考えていました。木頭地区にある実家の隣が、じつは山村留学センターだったんです。ですからセンターを運営されている方や山村留学の子どもたちとは長年の付き合いがあります。うちの子もそうでしたが、同じ学校に通った子どもたちは、価値観のぶつかり合いも含め、いい刺激を与え合ったと思います。

山村留学で来た子どもたちの中には、成人になってもときどき訪ねてきてくれる人もいます。ただいまっていってくれるんですよ。うれしいですよね。大人の私たちも、自分たちの暮らす地域の価値のようなものを再認識します。ですから、デュアルスクールの話を聞いたときは機会があるのならぜひ関わりたいと考えていました。

ご縁があり、小太刀《こだち》すみれさんという6年生を受け入れることになりました。期間は2週間。今ちょうど1週間が過ぎたところですが、よそから来た子と思えないほど打ち解けています」

受け入れにあたっては、6年生たち自身が学級会で歓迎方法を考えたという。谷校長は詳細を知らなかったが、月曜日の朝、スクールバスから降りてきた子が紙で作った飾りを持っているのを見て、休日の間にも歓迎の準備をしていたことを知ったという。

吉田とともに、すみれさんの相生小での生活ぶりを取材した。まずは谷校長の案内で校内を見学。廊下を歩いていたとき、吉田がふと足を止めた。子どもたちの俳句を掲示する壁だった。

「これってすごい句だと思いませんか。マムシに出会った驚きとか、釣ったアメゴを見たときの感動をそのまま詠んでいますよ。絵も添えてありますが、マムシはマムシの、アメゴはアメゴの特徴をしっかりとらえていますよね。しかも図鑑を引き写したような絵じゃない。実体験がないと詠めないし、描けない作品だと思いますね。

言葉は拙《つたな》いかもしれないけれど、生々しい遭遇の興奮や感動が素直に俳句になっている。ピュアな感性ってこういうことを指すんでしょうね。こんな句がすらすら出てくる子たちって、ある意味でエリートじゃないですか」

都会人が田舎を思い描くとき、山、川、田んぼのような抽象的なイメージになりがちだと吉田はいう。相生小の子どもたちは、日ごろからもっと解像度の高い自然を見ている。その観察眼とセンスオブワンダー（神秘さや不思議さに目を見張る感性）が、そのまま句になっていると感想を述べる。

自然を取り入れる文学である俳句を詠ませれば、インパクトのある句が多く生まれるのはある意味で当然。デュアルスクールがもたらす教育効果は、異文化同士の共振だというかねてからの確信が、より強まったようだった。

「都会に暮らしながらも、生きものの名前をすごくたくさん知っている子っていますよね。それはそれで感心するんですけど、数ってそれほど大事ではないと思うんです。もっと大切なのは実体としての生きものについて知っているかどうか。これまでの山村留学が目指してきたのはそこだと思うし、デュアルスクールが実現しようとしている芯の部分もそういうところです。人は大人になると、否応《いやおう》なしに複数の価値観の中へ放り込まれます。だったら子どものころから慣れておいたほうがいい。常識や正解はひとつではないはずです。自分の知る世界や風景だけが当たり前でもない。さまざまな人たちが、そのことを知識ではなく体感的にわかり合えることが大切です。偏差値が上がるとかそういうことではなく、人間関係を処理する能力、共感力を養ってくれる場所が田舎であり自然じゃないかと思うんですよ」

地区住民とホタルが大歓迎。1日で気に入った田舎暮らし

デュアルスクールを利用した家族は、どんな動機で制度を選び、どのような期待や感想を抱いているのだろうか。すみれさんの母親の小太刀裕子《ゆうこ》さんにも話を聞いてみた。

「もともとは、すみれをイギリスのサマースクールに入れようと思っていたんです。私が昔留学した南部の島にある学校で。ところが飛行機のチケットを買ったところで新型コロナウイルスが蔓延《まんえん》し、行けなくなりました。

住んでいるところは大阪の高槻市です。夫は東京勤務でしたが、コロナで急きょ大阪勤務になり、家でリモートワークをしていました。私はフリーのイラストレーターなので働き方は基本的には自由裁量です」

もともと海外志向だったが、コロナを機に自分の住む日本をもっと知りたいと考えるようになったそうだ。知らない土地で暮らしてみることは、人間形成のうえで必ず良い経験になるという考えが、小太刀さんにはある。

漠然とだが、南日本エリアが良いと考え、二地域居住というキーワードでネット検索してみた。そのとき真っ先に出てきた情報が、徳島県のデュアルスクール制度だったそうだ。

「最初は母子だけで来るつもりでした。徳島の山の中だから夫はさすがに来られないかなと思っていたんですが、コーディネーターの中野美優さん（あわえ・デュアルスクール担当）が、

徳島県は通信環境がすごく進んでいるのでテレワークもできますとおっしゃって。大家さんに聞いたらＷｉ－Ｆｉは入っていますと。それを夫に伝えたら、ぎりぎりになって行くといって。同じリモートワークでも、ここは目の前に緑の山やユズ畑の景色が広がっているので、大阪の自宅より楽しいようです。時間の流れ方が全然違うというか。

すみれもすごく気に入っています。空き家を改装したこの滞在施設に来た日、地元の人たちに大歓迎していただきました。そのとき大家さんから、近くにホタルが見られる場所があると聞いたので次の日の夜、車で行ってみたんです。細く真っ暗な道で不安だったんですけど、シカ4頭とタヌキ、ノウサギに出会いました。それだけでも感動ですが、ホタルの数も半端じゃなくて。どこまでがホタルで、どこからが星空かわからないほど。すみれは来て1日で、帰りたいなんていう気持ちは全然湧かないといいました」

デュアルスクールを経験して得た、有形無形の学び

小太刀さんは、木をふんだんに使った相生小の校舎が印象的だったという。トイレは掃除が行き届き、明るい窓辺には花が飾られていた。子どもたちがとても大切にされていると感じた。登校初日こそ緊張していたようだが、クラスの仲間から温かい歓迎を受けたすみれさんは、すぐになじんだようだった。小太刀さんはいう。

「すみれは、いわゆるハイリー・センシティブなところがありまして。少しのことからいろい

ろなことを想像したり、周囲の空気を敏感に察知します。感受性は豊かだと思います。それだけに人間関係をものすごく繊細に見ているんです。６年生に上がったころから女子同士の人間関係に悩むようになりました。投げかけられたちょっとした言葉が、とても気になってしまったり。

都会って、親御さんはフルで働いていて、お子さんは習い事をいっぱいしているというケースが多いですよね。これは私の見方ですけど、都会の子って意外と人間関係に揉《も》まれていないんじゃないかな。しかもコロナの時期はお友達と会えない、会ってもしゃべってはいけない期間がありました。コミュニケーションが希薄なまま心も体も成長する高学年になれば、軋轢《あつれき》が生じるのは当然かもしれません」

すみれさんが驚いたのは、相生小は1日の休み時間の合計が高槻市の小学校より45分も長いことだったそうだ。高槻市では時間が短いだけでなく、休み時間に別のクラスに行くことも禁じられている。子どもたちのコミュニケーションまで学校が管理しているのである。

「相生小の子たちは、大人と会話することに慣れている感じがします。人間関係を自然に構築している。距離感が近くて、みんながみんなに優しい。コミュニティーの大切さを、那賀町に来てあらためて感じました。

すみれも、こちらが楽しかったぶん、帰ったら学校へ行きたくないといい出すかもしれませんが、自分の中にもうひとつモノサシができたので、違いが存在する現実については理解した

んじゃないかと思います」(小太刀さん)

二地域居住とデュアルスクールは、過疎地の将来のみならず、教育の理想とその未来にも地下茎のようにつながっているのである。

7
備長炭が地方を救う

電子著作物のセキュリティソフトを開発販売するサイファー・テック株式会社。地方が直面する課題の解決法を探り、どの自治体も応用できる処方箋として提供する株式会社あわえ。吉田が経営するこの2社は、独自のIT技術やマーケティング理論を駆使して生み出したアイデアを売る、まさに現代型の第三次産業といえる。

ゆえに吉田はIT起業家と呼ばれることも多い。だが、2021年に設立した3つ目の株式会社『四国の右下木の会社』は、そんな吉田のイメージを覆す会社だ。社名がそのまま示すように、事業内容は林業。つまり第一次産業への参入である。

林業は農業、漁業と並ぶ自然に寄り添った産業だ。水と太陽と大地が生み出した木という恵みを、暮らしに役立たせる。第一次産業は社会を根底で支えてきた尊い職業でありながら、泥臭く、汗臭く、そして稼げない仕事だというレッテルが貼られ続けてきた。

その第一次産業の中でも、とりわけきついといわれる林業に吉田が参入した理由は、以前にも触れたように故郷の風景に対する強い愛と問題意識だ。

林業は大きく分けるとふたつの分野からなる。ひとつは建築材を生産するための林業。資源は主に針葉樹で、植林によって生産を維持する。もうひとつは薪や炭などエネルギー生産のための林業である。資源は広葉樹。中でも材密度が高い、つまり体積あたりの炭素量が多い樹種を最上とする。落葉広葉樹が主体のエリアではクヌギやコナラが、照葉樹（常緑広葉樹）からなる地域ではウバメガシやカシが利用される。こうした山林を近年は里山と呼ぶようになっているが、実態としては死語だ。

昭和30年代に起きたエネルギー革命を機に、後者の林業は急速に衰えた。一方、建築材を生産する前者の林業は国の強力な保護政策もあって存続し、林業の代名詞ともなってきた。

徳島県美波町がある四国南東部は、かつて後者の林業が基幹産業だった。沿岸域に生えるウバメガシ、カシなどの木を薪炭として関西の都市圏へ送り出す。樵木林業と呼ばれる四国南東部の林業の特徴は、択伐矮林更新法という管理だ。広葉樹の根株が持つ萌芽力（再生力）を利用し、薪や炭に頃合いの太さに育った幹だけを8年から15年のサイクルで伐採していく。

そうすれば森一面がはげ山になってしまうこともないし、木の年齢構成のバランスも良くなる。

比較的若いうちに更新をしていくのは、広葉樹の中でもとびきり重いウバメガシやカシは、育ちすぎると運び出しの労力が増すためだ。矮林というのは背が低い林という意味だが、それほど大きな木がなければ台風による被害なども少なくなるといわれている。

異なる樹齢の木がモザイク状に存在する択伐矮林は、林床の草花も変化に富む。そこに集う生きものの顔ぶれも多彩になる。里山が生物多様性の象徴とされるのは、そんな理由からだ。

しかし、エネルギーの主役が石油やガスに代わると、お金を生まなくなった里山は放置されていった。

木は太く大きくなるにつれ神秘さを纏《まと》うようになる。そんな姿に畏怖の念やロマンを感じた人たちは、森や木は不可侵の存在であり守るべきものだというファンタジー的な観念を抱くようになる。自然をこのような情緒の眼《まなこ》で見ることは悪いことではないが、里山の生態系は木を伐ることにより成立したという歴史も忘れてはならないだろう。

人が一度介入した植生は、元の姿には戻らないというのが現在の植物生態学の常識だ。日本の生物多様性の象徴である田んぼや里山は、人が管理をしなくなったとたんに安定を失い、姿を変えていく。人間活動の結果として生まれた〝理想的自然〟は貧弱化していき、前よりも生物相が豊かになることはほぼない。

里山の大木は、人間でいえば高齢者である。最後の伐採時に萌芽した苗は、半世紀余り続いた放置を経て、巨大化した。問題は全国で一様に里山が老いていることである。

樹齢の多様性が失われた結果、カシノナガキクイムシという昆虫が媒介するナラ枯れが全国的に大発生するようになった。老木はその被害を著しく受けやすい。木が一斉に枯死すると、大雨による土砂崩れも起きやすくなる。表土を安定させることで災害も防いでくれていた里山は、現代では逆に災害を誘発する原因になりつつある。

地域と環境の未来のために今急いでなすべきことは、広葉樹の根株がまだ元気なうちに伐採し、択伐矮林更新の時代の森の姿に戻すことだ。

途絶えて久しい樵木林業に、吉田があえて参入した理由は明快である。里山の放置を続ければ、田舎の人々が「都会にはない宝」と誇ってきた川や海までが連鎖的に蝕《むしば》まれ、過疎の問題をより深刻化させるという懸念からだ。

しかし、事業として取り組む以上は食える仕事でなければならない。すっかり不良資産と化してしまった照葉樹の里山を、吉田はどのようにマネタイズしようと考えているのだろう。

すべては現場合わせ。それが炭窯という装置

2022年冬。吉田とともに向かった山の奥はだいぶ景色が変わっていた。半年前に来たときは耕作放棄地の棚田を整地したばかりの更地だった。今回は建屋ができ、その下でひとりの男がレンガを積んでいる。

「彼は山川徳仁《のりひと》といいます。僕らは木の伐採も作道もゼロイチなら、炭を焼くのもゼロイチ。すべて未経験からのスタートです。製炭については県境を挟んだ高知側に自分の窯を持つ椎名洋光に責任者になってもらいました。その縁で、炭焼きの経験がある山川にも手伝いに来てもらっています」

製炭責任者の椎名は、窯に対する自身の考えを次のように語る。

「備長炭の世界には、良くも悪くも江戸時代的な感覚が色濃く残っています。ひとつは窯に設計図がないこと。いろんな人の窯を見させてもらいましたが、大きさもばらばらです。個人の経験と勘で作ることが多いため、焼き上がった炭の品質にも大きな差が出ます。

そして、自分が炭焼きを始めて痛感したのは、窯は作業効率や販売方法も考えて作らないと

だめだということです。そうしないと、備長炭産業は生き残ることができないと思いました」

立木の伐採権を買い、自分で窯を築き、焼いた炭は全量を流通業者に納める。価格を決めるのは業界だ。その評価軸の中に、たとえば自分は炭焼きを通じて里山を守っているのだというう使命感や、誇りのような要素は入っていない。価格は流通が作った慣例的な基準によって一方的に決まる。

人口が減り続けている地方では、地域の事業を移住者に委ねる「継業」に注目が集まっている。しかし、現状のままでは備長炭産業の後継者はいなくなる、というのが椎名の見立てだ。

一度火を入れたらなかなかそばを離れられないので、炭焼きは徹夜も多い仕事だ。昔ながらの小さい窯はとにかく忙しいと椎名はいう。木の会社がＩＴ企業と組んで窯の温度変化をスマホで遠隔確認できるシステムを開発したのも、そうした労力を軽減するためだ。

「じゃあ、大きな窯にすれば作業が楽になるかというとそうでもなくて。直販という売り方と四国南東部の原木資源の状況を前提にすると、容量５ｔくらいの窯が無理のないサイズだと考えています。木の会社の窯にもその考えを取り入れてもらいました」

窯の知見を標準規格化。全国に備長炭産地を作る

吉田は、伝統に縛られない椎名の考えと知見を標準規格化したいと考えている。窯の良し悪しがみな違うのはたしかだが、同じ場所に同じ規格の複数の窯を作れば、おおよその方程式を

導き出せるという予感がある。

「僕は備長炭が照葉樹の森の未来図を描いてくれると思っています。何より最高級の木炭だという不動の評価があり、それに見合った価値は少なくとも飲食業界では担保されています。

山の伐採権を得る方法から、必要な重機の導入と扱い方、原木搬出のための作道技術、伐採技術と、みんなでゼロから始めました。いろいろ苦労もありましたが、今やっと炭が焼けるぞというところまでこぎつけました。

木を伐って昔のような循環に戻すという木の会社のパーパス（目標）も、利益がついてこなければ絵に描いた餅です。でも、日々少しずつ形になっていく窯を見て、よし、大丈夫だと思えるようになりました」

吉田は、山川が積み上げたレンガを眺めながら頬を緩める。

「四国南東部の森に限っていえば、僕らの力でいい形に復元することが可能かもしれません。問題は、放置里山が全国に存在していることです。面的に広がっているこの喫緊の課題はどうすれば解決できるのか。ひとつ答えがあります。うまくいっている地域のノウハウを理念ごと移植すればいい。

木の会社の次のステップはそこです。製炭までのプロセスを誰もが理解できる標準規格に落とし込むと同時に、人材育成も事業化します。そのためにも、まず理想的な窯に関する最適解を出したいと思います」

山川がレンガを積んでいるこの1号窯は椎名の窯がモデルで、自動車でいえばプロトタイプ。設計は同じでも、窯は地形や風の通り、土質、地下水脈の位置などの環境にも影響を受けるため、どうしても癖を持っている。そうした1号窯の個性を極力抑えるよう改良したものが2号窯になる。

2号窯で狙い通りの品質の炭が焼けることを確認できた段階で、ふたつ目の棟を建て、窯を増設する。この棟と窯は製炭士の手作りではなく、設計図をもとに工務店に依頼する。耐震性も取り入れたものにする予定だという。

「自動車でいえば、このふたつ目の棟が市販車です。さっき話に出たように、窯は大なり小なり固有の癖があるものですが、誰もが安全運転できるよう調整された窯にします。設計図を見れば、どの地域の工務店でも一定の能力を保証された窯を作ることができる。椎名がいうように、そういう方式にしないと、備長炭の焼き手が定着しないというのは確かだと思います。

今の1号棟は、椎名と山川、そして椎名が高知から連れてきた大工さんとで建てましたが、もし香川県の人が、うちにもウバメガシがたくさんあるので備長炭を焼きたいといっても、さすがに香川は高知から遠いので炭窯に詳しい大工さんは来てくれないですよ。放置された里山の活用を広げるには、それぞれの拠点で必要なものが揃い、完結できるしくみが必要です」

窯が冷めないよう連続的に焼くことが製炭の鉄則

近年、備長炭の産地では窯が大型化している。10t級の窯も今は普通だ。便利な機械がいろいろとある今も、山林という険しい現場での伐採や搬出は人力に頼る部分が多い。窯の燃料コストと炭の品質を左右するのは稼働の連続性だ。大きな窯を用意しても、すぐに容量いっぱいの原木を用意できなければ窯は冷めてしまう。一度動き出した製鉄所が、何があっても炉の火を落とさないのも同じ理由である。

「大きな窯をなるべく早く原木でいっぱいにするにはどうしたらいいか。自分で伐るよりも伐採専門の業者から買えばいい。でも、便利、便利で分業化を進めていくと、木を使いながら山を守ってきた樵木林業の知恵は忘れられていってしまう気がします」（吉田）

「これからの炭焼きで大切なことは、自分の炭に自分で値段がつけられるか。こだわりや誇りを価格に乗せられるかどうかだと思います。そういう方向に舵を切るためにも5tくらいの窯がちょうどいいと思っています。無理な伐採に走らなくても原木を回していけますし、忙しすぎて疲労困憊《こんぱい》することもないですから」（椎名）

利用されないままお荷物になっている里山が相当な面積にのぼる今、製炭規模が拡大することと自体は悪いことではないと、吉田も椎名もいう。大事な視点は資源量との均衡だ。地域内で原木を循環させる適正規模の業者が全国にほどよく点在すれば、里山は昔のような姿に戻ることができる。

だが、原木の調達効率を第一に考えるようになると、その先に待ち構えているのは悲劇だ。乱暴な作道と乱伐が横行し、循環型経済という里山の可能性そのものを破壊してしまう。

事実、四国の一部では過剰な伐採が問題視されている。そして蔓延するナラ枯れ。さらに事態は異常な状況に突入した。焼き鳥や鰻《うなぎ》を焼いてきた専門店が、備長炭を入手できなくなってきているのである。


アウトドア派には当たり前の知識だが、焚き火台に乾いた薪をのせスターターに火をつけると、スムーズに燃え始める。地面に薪を直置きする昔ながらの焚き火が案外難しいのは、地面はもともと熱を奪いやすいうえに湿気の影響を大きく受けるからだ。金属の焚き火台は、地面に直接薪が触れず、通気性も確保されている。

木炭作りは、こうした燃焼の原理を高度に応用したものだ。炭の加工は蒸し焼きと表現されることが多い。炭窯は熱を効率よく蓄積させる装置だが、熱を逃がさない分、空気が出入りしにくい構造になっている。原木を窯いっぱいに詰めたら、最も空気の通りが良い焚き口という場所で乾いた薪を燃やし続け、窯の奥を徐々に温める。

木材は400~470度で発火が始まるとされる。しかしこれは、酸素が十分ある場合の話だ。焚き口で薪を燃やし続けると、まずは原木に含まれる水分が白い水蒸気となって煙突から抜けていく。原木から水分がなくなり発火点に達しても、窯の中は酸素の極端に少ない還元状態であるため燃焼は起きない。ここが炭焼きという技の面白いところである。原木は褐色から黒色へと静かに焦げていくだけだ。蒸し焼きと呼ばれるゆえんである。

窯の内部温度が800度近くまでになると、原木の繊維や樹脂の成分が一酸化炭素、酢酸などの気体に分解し、青く透明な煙となって出ていく。ガス化せずに残った固体が炭素の塊、すなわち黒炭である。

炭には大きく分けると黒炭と白炭とがある。黒炭は空隙《くうげき》が多く軽いのに対し、白炭は堅く焼き締まっており、同じ体積なら黒炭より重い。黒炭も白炭も、途中までの作業工程はほぼ同じだ。違いは炭化の完了後である。

原木が完全に炭になったのを見計らって焚き口を閉じ、火を止めるのが黒炭。白炭の場合は逆に焚き口を広げ、窯へ一気に空気を送り込む。不完全燃焼のまま炭化した高温の炭に空気が触れると何が起きるか。激しい燃焼だ。

酸素を得た炭は赤々とした炎を上げながら燃え、自身の出す熱によって窯内部の温度はさらに高まる。温度が上がるにつれ、炎はレモンのような黄色みを帯びてくる。1000度以上といわれるその火色に達したところで、製炭士は長い柄がついたかぎ状の鉄棒で燃え盛る炭を外へ引き出す。

窯の口からは、熱風という表現を通り越したすさまじい熱エネルギーが放射されるが、製炭士はひるまずその上へ砂を混ぜた灰をかぶせる。空気を完全に遮断して燃焼を止めるためだ。白炭は1000度を超える環境に置かれると、焼き締まりながら金属に似た結晶構造に変わっていく。実際、焼き上がったものを叩くと、澄んだ金属音が響く。凝縮による緻密化で体積あたりの重量が増すことで、白炭、とりわけ備長炭は黒炭より燃焼時間が長い。

白炭というのは、窯から引き出したときにかけた灰が表面に付着して白く見えることからついた呼び名だ。白炭の中でもウバメガシやカシで焼いたものは歩留まりも良く、とくに上質なものが備長炭の名で取引される。

ウバメガシやカシを使うのは、比重の重い木であるためだ。窯の中で高温燃焼が始まると炭自身が消費される。一般的な広葉樹はこのときの歩留まりが低く、多くが灰になるため炭として残る部分が少なくなる。つまり痩せてしまうのだ。同じ広葉樹でも、ウバメガシやカシは灰として消耗する量が少なく、焼き上がりの質も良い。

プロの料理店が、高価な備長炭をあえて選ぶ理由

備長炭は着火までに時間がかかるという欠点もあるが、一度火が回ればむらなく静かに燃え続ける。食材の味や食感、香りを高める遠赤外線効果は炭全般にいえる特徴だが、国産備長炭は一般的な炭の波長の幅を超えた遠赤外線を放出するという。特徴はもうひとつある。備長炭

の場合は軽く団扇《うちわ》で風を送ればその強弱に炎が忠実に応答する。繊細な火力調整ができるのだ。黒炭のように、炎が勝手に暴走したり火の勢いが急に衰えたりすることがない。また、蒸し焼きの際に炭の中に閉じ込められていたガスがしっかり焼き切られているので、炭由来の雑臭が食材につくこともない。

燃料の最高峰。これらが味にこだわる鰻屋や焼き鳥屋などのプロに備長炭が支持されてきた理由である。

しかし、こだわりの飲食店＝高級備長炭使用店というこれまでの図式が、最近崩れ出しているという。〝備長炭ショック〟とでも呼ぶべき現象だ。

備長炭には、太さを基準にした規格が設けられている。産地や流通業者によって異なる場合もあるが、主に用途別の分け方である。焼き鳥用なら直径2～3㎝、蒲焼き用なら直径3～4㎝。長さにも基準があり、20㎝に達しないものは高級品とはみなされず、焼き肉用などの汎用品に回る。だが、長さや太さが上位商品の基準に当てはまらないだけで、同じ窯で焼かれた炭ならポテンシャルはそれほど変わらない。

備長炭の格は、まずはこのような外見的な基準で決まるが、どれだけしっかり焼き締まっているか、燃焼中に突然破裂する「爆跳」が起きない安全な炭であるかといった技能的要素も重要になる。この信用を長年担保してきたのが炭の目利きである問屋である。

消費者である専門店と製炭士の間に立って炭の需給を調整し、かつ品質の監視役でもあった問屋が、役割を担えなくなってきている。それが備長炭ショックの原因ではないか、というのだ。

一番のかき入れどきに頼みの備長炭が入らない

「僕が最初に聞いた話は鰻屋さんのケースです。8月のお盆ごろといえば鰻屋さんにとって一番のかき入れどきですが、問屋に納品を断られ、今まで使っていたグレードの備長炭が手に入らなくなったという話でした。在庫がないというのが理由で、同様の悲鳴が焼き鳥屋さんなどからも聞こえてくるようになりました」

こう語るのは、四国の右下木の会社で製炭責任者を務める椎名洋光だ。前述のように椎名は高知県側にある自分の窯で備長炭を焼く製炭士で、近年は卸から軸足を直販に移している。樵木林業で地域の森を再生し、その動力源として新たな経済の軸を作るという吉田の理念に共鳴して木の会社に合流した。今は両方の窯を往復し、木の会社では生産基盤づくりと品質管理を受け持つ。

備長炭が買えない！　という騒動には、ほかにも伏線があるようだ。『紀伊民報』２０２０年2月17日の記事によると、２０１８年度の和歌山県みなべ町の備長炭の生産量は１５７ｔで、最盛期の２００４年の５０７ｔに比べると約3分の1にまで落ち込んだという。

理由として挙がっているのが原木不足だ。今のままだと5年後にはさらに生産量が半減すると見る関係者もいる。

吉田は次のように語る。

「2000年代の頭ごろまで、備長炭は中国からたくさん入っていたようなんですよ。日本から供与された技術で白炭を焼き日本へ輸出していた。炭焼きはもう儲からない仕事だというイメージは産地でも割と早くから定着していて、従事者も減っていたんです。

それでも総崩れにならなかったのは、本当に品質の良い備長炭は一流の料理人から高く評価されていたから。流通量は減る一方でも、高級店が使い続けているという事実が、備長炭というブランドのイメージをかろうじて支えていたわけです」

輸入の備長炭は、その名声に相乗りしただけでなく、結果的には備長炭全体の価格を押し下げる方向に働いた。

「備長炭とは本来、一定のグレードが保証された白炭のことだったはずです。けれど、今は名乗り放題。白炭ならなんでも備長炭と呼ばれ、基準が曖昧になってしまっていますね」

2006年、中国が突然木炭の輸出禁止を発表した。理由は環境保護だ。こうした規制は中国が外交カードとしてしばしば使う手だが、このときの措置は森林破壊が深刻になったためのようである。輸入が止まれば、日本国内の備長炭産業が息を吹き返す。そういう予測も成り立ちうるが、現実はそうならなかった。東南アジアで代替地探しが始まったのだ。大義名分として、途上国の中山間地域支援というロジックが使われることもあった。

そうした海外産の白炭は今も〝お手ごろ価格の備長炭〟として流通しており、国産の備長炭産地にとっては依然無視できない存在だ。吉田は続ける。

「備長炭が備長炭であり続ける方法。それはクオリティーの維持に尽きると思います。燃料というのはエネルギーであり生活必需品。電気やガスを見ればわかりますが、エネルギーはあらゆる消費財の中で最も価格の低いところに据え置かれています。

ところが、備長炭だけは別格な存在として位置づけられてきたわけです。エネルギー以上の魅力と付加価値を持つ炭として認知されてきたからにほかなりません。日本の木材産業の中では注目すべきマーケットなのです。

この稀有な市場を、持続可能な形にしながらもう一度拡大させるにはどうすればいいのか。レベルの高い備長炭が供給できる体制を確立し、みんながハッピーになれる、つまり飯を食っていける産業に組み直す必要があります。料理屋さんの悲鳴を聞いて、僕たちがあらためて確信したことです」

なぜ問屋から看板商品である高級備長炭が消えてしまったか。憶測交じりの説だが、円安の影響もあるのでないかという見方もある。

日本食の世界的な人気によって備長炭も海外で知名度を上げている。円安の今、海外の料理店から見れば日本の備長炭は超お買い得品なのだ。

備長炭ほどのポテンシャルを持った木炭は海外にはない。欧米やアジアに進出する料理職人にとっても、備長炭は日本料理のこだわりや美学をわかりやすく伝えるツールになる。

一方、日本国内は人件費や材料費の高騰など、このところあまりいいニュースがない。長年付き合いのある飲食店も大事だが、もっと高い値段で気前よく買ってくれるところがあるのなら、そちらへ回したほうが良いという判断もビジネスとしては正論かもしれない。

備長炭の世界に地殻変動が起こりつつあることは、直販にシフトする流通業者が増えているところを見ても間違いないだろう。

備長炭をめぐる諸問題が一気にボトルネックへ達した

備長炭の価値を維持する王道は、品質にこだわり続けること。しかし、その理想に水を差す存在は輸入品だけではない。ひとつは木の会社がスタートした時点から直面している原木の品質問題だ。木がエネルギーとして使われなくなったことで、里山の新陳代謝が止まった。半世紀以上も放置され老化した里山には、高級備長炭に適した手ごろな太さの木がそもそも少ない。

追い打ちをかけているのがナラ枯れの広がりだ。カシノナガキクイムシによる穿孔《せんこう》と、その傷口から広がった伝染病により材質が劣化。製炭材としての歩留まりは、想定以上に良くない。

一方では、持続的な利用という暗黙のルールを無視したその場しのぎの伐採も目に余るようになってきた。原木の調達方法が自伐型から外部委託型になった時代変化が大きいと椎名はいう。製炭士が自分で森に入って伐っていた時代は、10年後、15年後にまた自分が権利を得て伐りに来るかもしれないので、乱暴な伐採はしなかったのだ。

しかし、原木の調達を外部業者に委ねる流れに変わったとたん、伐採技術はコスパ、タイパという価値観の中に呑《の》み込まれていった。

「備長炭不足のもうひとつの原因は、製炭に従事している人たちの高齢化です。主要産地では行政もいろいろ後押ししていますが、備長炭の生産者のほとんどが個人事業主ということもあって事業承継はなかなか進みません。

起業して窯を築くにしても、資金やノウハウがかなり必要で、現状だと新規参入は相当に難しい。それらの問題がボトルネックに達し、備長炭不足という現象になった。起こるべくして起きた現象だと思います」（吉田）

吉田が今視野に置いているのは、じつは海外市場だ。国内への供給義務も果たすことを前提に海外にも売り広げることができれば、これは健全な外貨獲得である。里山の荒廃や若者の就労先に悩む地方にとっても朗報だろう。

そのためにも、どの地域の森の木でも一定の品質をクリアした備長炭が焼けるマニュアルの開発と、処方箋化が急務だ。現在山奥の集落で稼働中の1号窯、2号窯に続き新たに建設中の3号窯と4号窯は、確立したマニュアルの検証と、それをもとにした研修施設になる予定である。

四国の右下木の会社は、作道、伐採を担当するふたつのフォレスターチームと、製炭チームとに分かれている。役職員や窯出し直後の数日だけ手伝いに来てくれる地元の人を加えると、総勢は15人ほどだ。事業体としては小さい。だが、放置されて久しい常緑広葉樹の森を若返らせ、伐った木を自前の窯で付加価値の高い炭に加工する流れを再興した意味は大きい。

荒れた里山に経済という循環軸を呼び戻す。これこそが過疎に悩む多くの地域の切なる願いだからだ。

一方、社会ではカーボンニュートラル、グリーンエコノミー、ＳＤＧｓ、サステナブル、エシカル、ネイチャーポジティブといった耳新しい言葉が毎日のように飛び交っている。

過疎地の現実と、世界が認識し始めた概念は一見異なる存在にも見えるが、木の会社の取り組みはこれらの課題を同時に解決しうるものだ。吉田は語る。

「四国南東部の薪炭産業は、室町時代から４００年以上続いてきた地場産業です。それが昭和の半ばに急に途絶えた理由は、経済の原動力が化石エネルギーに切り替わったためです。

結果として、択伐矮林更新法のような巧まざる知恵が忘れられ、あらゆる経済の場で刹那的な考えが幅を利かせていきました。そうした反省から出てきた概念や言葉がサステナブルやカーボンニュートラルだとすれば、僕たち現代の経営者には未来の経済の形を具体的に示す義務があります」

ウバメガシに代表される常緑広葉樹で焼いた高級備長炭は、現在も飲食業界では別格扱いの熱源だ。日本食が世界から注目され、備長炭の知名度も大きく広がる可能性がある。まさに絶好のチャンスといえるが、流通の現場では備長炭ショックとも呼べる停滞現象が起き始めていることは先に触れた。

社会的使命を終えた燃料と見られがちな薪にも変化がある。原油高騰と円安で化石エネルギーとの価格差が縮まったことで、温泉施設や農業用ハウスなどの分野では薪ボイラーを再評価する機運がある。市場規模は小さいものの、ライフスタイル分野では薪ストーブや焚き火に依然注目が集まっている。

「僕自身、木の会社の設立を思い立ったのは自宅に薪ストーブを導入したことがきっかけでした。ですから当初はライフスタイル消費の薪と、飲食店需要が確実にある高級備長炭の二本柱でやっていくつもりだったんです。

ウバメガシやカシは備長炭に。それ以外の樹種は薪として販売するというのが当初の予定でした。やっと窯ができたわけですが、焼き始めてすぐ方向の修正を余儀なくされました」

ナラ枯れが予想より炭の品質を左右することがわかったのだ。そこで、病気を媒介するカシノナガキクイムシの穿孔状況と焼き上がりを比べ、どの程度なら許容範囲かを割り出した。

「最終的には選別を徹底するしかないんですが、ナラ枯れが収束する、つまり森が若返って次の伐採サイクルに入るまでの辛抱だと思っています。木の会社は100年続かせる決意で立ち上げました。自分たちがいなくなっても森は会社とともに残る。これが僕らの考えるサステナブルです」

小さいけれど着々と進む商談取引の前提は「相互訪問」

1号窯に続いて2号窯が稼働し、さらに3号窯、4号窯の建設を進めていく中でもうひとつ明らかになったことがある。当初の計画のままだと口焚き用の燃料が足りなくなることだ。

「伐採時に出る残材で賄えるだろうと考えていました。ところが窯って大食漢なんですよ。ナラ枯れのウバメガシも無理に炭にせず薪として売ればいいだろうと単純に考えていたんですが、現在の伐採現場の作業性や資源状況を合わせると、炭と薪の同時生産は難しいことがわかってきました。順序としては、まず高級備長炭の生産を急ぐ。薪事業は当初計画より縮小し、その分の薪を今後必要となる窯の燃料として投入する方向に変更しました」

木の会社の『樵木備長炭』は業界では最後発のブランドだ。だが、高品質であること、ネット中心のオープンな直販にしたこと、理念を強く打ち出したことで、販売開始直後から問い合わせが相次いでいる。ひとつひとつは小さな取引だが、商談は着々と進む。

取引店の営業形態はさまざまだ。焼き鳥店などはわかりやすい例だが、いつもフライパンを振るっているイメージがある西洋料理のシェフたちも、樵木備長炭に高い関心がある。2023年に徳島市にオープンした気鋭のフレンチ店や、3年予約がとれないという神戸市の創作イタリアンにも納入が決まった。

どのようにして木の会社の樵木備長炭を知ったのか。吉田がそう尋ねると、ほぼすべての店主が「ネットで探し当てました」と答えるという。

取引にあたって吉田が大事にしている条件がある。ひとつは特定の規格にこだわらず、選択の範囲を広げてほしいということである。

「備長炭の規格は、細かく分けると10種類以上あるんですが、その中には売れ筋があります。多くの店が使いたがる太さ。でもそれって、牛肉でいうとシャトーブリアンだけ売ってくださいといわれるのと同じなんですね。同じ窯で焼いた炭といっても、太さや長さはまちまち。リブやモモ肉も使ってもらえないと、生産者としては困ってしまうわけですよ。そのあたりの事情もご理解いただきたいんです」

もうひとつの条件は、美波町の現場まで足を運んで森や窯を見てもらうことだ。反対に吉田ら木の会社のスタッフもその飲食店へ赴く。吉田は、自分たちが生産した樵木備長炭のユーザーに、社会の意識変容を促す〝共創者〟になってほしいと伝えている。

「これまでの炭選びの基準は燃焼性能と価格性能でしたが、僕らが大事にしたいのは環境性能という価値。そもそも質がいいというのは商品を提供するうえでは当たり前のこと。料理人の方々に伝えたいのは、この炭は使うほど森の若返りに寄与し、過疎地に希望をもたらすということです」

四国南東部の地域活性化という視点なら『樵木備長炭』でなく『阿波備長炭』でもよかった。

あえてそうしなかったのは、地名だけでは社会の意識変容につながりにくいと考えたからだ。

里山の荒廃は全国各地で起こっている問題だ。それを解決する妙案を木の会社が処方箋化すれば、森の若返り活動は一気に広がる。「樵木」という循環の知恵を集約した名の備長炭なら、地域を超えて想いを届けやすい。

この小さな革命に欠かせない役どころが、炭という調理熱源の魅力を知り尽くした飲食店だと吉田は確信する。客とのコミュニケーションを担うスタッフの知識と価値観こそが、社会の意識変容を促すカギになる。つまり飲食店に、世界の流れとして進むＳＤＧｓやネイチャーポジティブの伝道師になってもらいたいのである。

樵木備長炭の生産を軌道に乗せてからの吉田の動きは、まさに水を得た魚のようだ。２０２４年１月、徳島県がパリで地元食材をＰＲする食事会を開催した。参加者はシェフやバイヤーである。この場で樵木備長炭が披露された。

備長炭は燃料であるため航空法では危険物として扱われる。搭載規制を受けるが、検査機関の安全証明を受ければ空輸は可能になる。海外進出に備え真っ先に行なったのがこの手続きだ。

地元美波町での啓発にも力を入れている。中学校での講演、郷土の森・里・川・海が生んだ食材を地元の炭で焼いて食べる楽しさを提案する「地炎地食」などの取り組みだ。樵木ガストロノミーとも呼べるこうした食のうねりが全国に広がれば、新しいサステナブルツーリズムも実現できるだろう。

第三者割当増資に手を挙げた意外な有名企業

木の会社が最初に手がけた民有林は伐採を終え、現在は5ヘクタールの町有林に移っている。吉田は、その山裾に残る昔の炭窯を指さしながら語る。

「ここも半世紀以上放置された森です。昔は生活道があり、伐った木はその道から窯へ下ろしていたようですが、今はトラックが入る道を作らんと仕事になりません。重機って思ったよりアタッチメントの種類が必要で、窯を増やしたこともありお金がどんどん出ていく。その意味でも今は正念場。そこで第三者割当増資を実施しました」

第三者割当増資とは、特定の第三者に新株の引受権を与える資金調達だ。取引先や自社役員を対象に募集することが多いことから縁故募集とも呼ばれる。木の会社の第三者割当増資には4つの会社が応じた。1社は木の会社の母体ともいえる株式会社あわえ。次の1社は木の会社に重機を納めている徳島市の喜多機械産業株式会社。まさに縁故募集だが、もう2社は木の会社と接点がない。東京の株式会社コミックス・ウェーブ・フィルムという会社と、その代表取締役である川口典孝の個人会社である。

コミックス・ウェーブ・フィルムは、新海誠監督の代表作である『君の名は。』『天気の子』『すずめの戸締まり』などを筆頭に、さまざまなアニメーション映画を手がけ業界をけん引する、国内屈指のアニメ会社だ。なぜアニメ映画の有名会社が四国の小さな林業会社の第三者割当増資に応じたのか。代表の川口に会ってみた。

「僕はかつて商社マンで、バックパッカーのように世界中を歩いたことがありまして。その旅の中で実感したのは、水こそ日本の宝だということでした。日本のように安全でおいしい水が普通に飲める国って奇跡なんですよ。にもかかわらず、日本の水はどんどん汚れている。大事にされていない印象があります。おいしいお米も、魅力的なお酒も水が作ってきたはずなのに。

僕は趣味が神社巡りなんです。奥宮と呼ばれる社はたいてい山の上にあり、巨岩などを御神体として祀《まつ》っています。神域一帯は森で、清らかな水が流れ出て川になっていきます。こうした環境を守ってきたのは、林業や農業など自然に即したなりわいに従事する人たちだと思うようになりました」

川口は、野で働く人々が森羅万象に抱いてきた畏敬の念が森と水を守り、日本の風土や日本人の精神性を形づくってきたのではないかという。

「今の自分には第一次産業に直接関わるだけの時間がありませんが、映画がヒットしたおかげで以前よりお金が持てるようになりました。出資という形で何か応援できないかと考えていたとき、共通の知人が、樵木林業というものを復活させようとしている人が美波町にいると教えてくれたんです」

コミックス・ウェーブ・フィルムは、毎年徳島市で開催されるマチ★アソビというアニメイベントに出展している。そのタイミングに合わせ、吉田のもとを訪ねてみたのだという。

お金は社会のエネルギー。どう使えば活きるのか

「事務所でお会いして30分で出資を決めました。この人ならご一緒させてもらいたい。ぜひ仲間になりたい。この人の活動を応援することが日本の水を守ることになると直感しました」

理念が嚙み合ったということもあるが、惹かれたのは人間性だという。川口の物事の判断基準は、どちらかといえば論理より好きか嫌いかの直感だそうだ。二十数年一緒に映画を作ってきた新海誠監督との出会いも同様だった。

木の会社への出資額は合わせて２０００万円。驚くことに、現場である森や窯はまだ一度も見ておらず、吉田も東京にあるコミックス・ウェーブ・フィルムの事務所を訪れていない。

初対面、それもたった30分話をしただけで２０００万円もの出資を決めるというのは、常識では信じがたい。川口の言葉で印象的だったのは、お金は社会の重要なエネルギーであり、お金もまた良い形で使われたがっているはずだ、というものである。

あえて弁じなくともわかり合える感覚を、日本では以心伝心と呼んできた。里山にもう一度お金というエネルギーを循環させたい。そのしくみが地域を過疎から救うのだという吉田の信念が、日本の宝である水を守りたいと思ってきた川口に響いたのは、ある意味で必然だろう。

四国の右下にある徳島県美波町にＵターンし、３つの会社を経営する吉田基晴の奮闘を追い

かけ2年が過ぎようとしている。過疎地に根を下ろして成長を目指す3つの個性的な会社。その足跡をあらためて振り返りながら、吉田自身の田舎や自然に対する思い、さらには帰郷を機に到達しつつある人生観を尋ね、このルポの結びとしたい。

吉田が最初に立ち上げた会社は、ITセキュリティソフトのサイファー・テック株式会社だ。スタートは2003年。場所はIT企業がひしめく東京だった。

故郷の美波町にサテライトオフィスを作ろうと思い立ったのは、エンジニア採用に限界を感じたことが理由だ。当時のIT企業はいずれも若い組織だが、すでにとてつもないジャイアントも存在した。小さなスタートアップ企業がそんな巨人とガチンコの人材争奪戦を繰り広げたところで勝ち目はない。

吉田は、徳島県が実証実験として始めたサテライトオフィス誘致制度に賭けてみることにした。美波町の海沿いの遊休施設を借り受け「昼休みにサーフィンができる職場」と打ち出すと、各方面から大きな反響があった。

難航していた求人問題は一気に解決した。気がつけば、吉田は国の地方創生政策に呼応する、地方側の旗振り役として注目されるようになっていた。

サイファー・テックの事業は堅調だ。社会のデジタル化が急速に進んだこともあり、電子著作権のみならず個人情報の取り扱いが一段と重視されるようになった。サイバーセキュリティは、今最も社会から信頼性を求められている技術のひとつである。
「サイファー・テックは〈誰もがデジタルのメリットを享受できるよう安心安全を支える〉をスローガンにやってきました。ところが、うちの努力というよりは世の中の流れとしてそれが要請される時代に入ったんですね。

象徴的な例がマイナンバーカードです。デジタルマーケットが大きくなるのに比例してセキュリティマーケットも育ってきました。本社を美波町に移してからも多少の紆《う》余《よ》曲折はありましたが、大きな企業との契約も成立し、今は事業的にも黒字基調です」

ロケットでいえば第2段エンジンに着火したところだ。しかし、このまま軌道どおり飛び続けられるかは、ずっと悩まされ続けた優秀なエンジニアの確保にもかかっているという。

コロナを境に日本の働き方は大きく変わった。正社員で在宅勤務も可という企業も出始め、職・住・遊が近接したライフスタイル提案はもはやサイファー・テックの専売特許ではない。だが、吉田は大きな手応えを感じている。

「ありがたいことに、地元・県南にある阿南高専の学生が4月に入ってくれたんですよ。高専生はどこでもひっぱりだこで、阿南高専の卒業生も約9割は県外就職。ですが、このことは徳島県としてはジレンマでした」

高度なＩＴ技術を学んでも、今までだと県外にしか活躍の場がなかった。しかし、サイファー・テックを含むＩＴ企業のサテライトオフィスが県下に多数できたことで、地元で暮らしながら阿南高専で学んだことを活かせるチャンスが生まれたのだ。

「こうした動きは地域から見たときもひとつの理想だろうなと思っています。阿南市あたりだと実家が広い田んぼをやっている子もいます。農家を継ぎたいわけではないけれど、親を手伝ってあげたい。故郷も好き。そんなふうに思っている子は多いみたいなんです。うちを選んでくれた子も地元愛が強いですね。両立可能な働き方を模索していたとき、サテライトオフィス企業という選択肢があることを知って応募してきたと聞いています」

未来の地域の主役は誰か？　こども×Ｔｅｃｈへの思い

吉田にとっても人生の大きな転機となったサテライトオフィス。この制度は過疎化や人材交流に悩む地方にも有用だと確信し、美波町で新たに立ち上げたのが株式会社あわえだ。業務は地方自治体と都会の企業・人材とをつなぎ、共創的な取り組みを生み出すこと。ほかの地域にも適用可能な刮目《かつもく》すべきアイデアは、処方箋化して広く提供していく。

吉田がサテライトオフィス誘致に奔走し始めたときに感じたのは、地方自治体職員の疲弊だった。人も予算も減らされ、足元の課題に向き合うことで精いっぱいのところに、地方創生だの、ＳＤＧｓだの、ＤＸだのと、次々に新しいお題が投げかけられる。

そんな自治体職員の支援を目的とした『地域×Ｔｅｃｈ』という見本市は、今では３つの地方都市で定期開催されるイベントに育った。地方の課題解決に結びつく最新ツールや知見・技術を持つ企業との出会いの場である。

サテライトオフィス、二地域居住というライフスタイルは地方と相性が良い。だが行動を阻む現実もある。子どもの就学問題だ。従来の転校は住民票の異動が前提で、ある期間だけほかの学校へ通うことができない。

吉田らは徳島県や教育委員会と粘り強く話し合い、突破口にたどり着いた。デュアルスクールという制度だ。これを適用すると、都市部に住民票を置いたまま保護者の短期居住に合わせて田舎の学校に子どもを通わせることができる。デュアルスクールは徳島県のみならず、山形県高畠町《たかはた》でもスタートするなど、期待は日増しに高まる。

そして二地域居住は、政府も注目するところとなった。2024年の第213回通常国会では、広域的地域活性化基盤整備法を改正し、これまで観光施設や工業団地に限定されていた整備予算を空き家改修にも適用、二地域居住を積極的に進めていくことが附帯決議付きで可決された。

空き家問題は獣害問題同様に地方特有の現象とみられがちだが、10年後、20年後の日本全体の姿でもある。

「その解決のヒントを今地方で見つけることができたら、それは大きな意味を持ちます。私たちがやっているのは、田舎の片隅に希望という小さな花を咲かせること。それもボトムアップ方式で。広がりは少しずつでも、やがて振り返ると景色が変わっている。そんなイメージを描いています」

『こども×Ｔｅｃｈ』の開催も始まった。地方自治体と企業とをつなぐ『地域×Ｔｅｃｈ』のブースは、ＤＸ推進／ネットワーク強靱化／自治体運営効率化・働き方改革／関係人口創出・観光／といったコーナーに分かれている。この会場で、子ども・子育てに特化した展示会を同時開催するというのである。

「なぜ地方は今必死に頑張っているのか。未来のためですよね。じゃあ、未来の主役は誰か。子どもです。地域が良くなる方法をみんなで考えようという場に、子どもの姿がないのはよく考えればおかしい。地域×Ｔｅｃｈと子どもや子育て専門のＴｅｃｈを一緒にすれば、働き方改革や関係人口創出の議論もより前進するはずです」

樵木備長炭に中央官庁も関心を示し始めた！

３つ目の会社、四国の右下木の会社を取り巻く情勢もめまぐるしい。木の会社は荒廃する里山の問題を解決するために設立した会社だが、行動指針には地域経済の再興だけでなく生態系の回復、ＳＤＧｓへの寄与も盛り込まれている。思いの結晶が環境性能をエシカルブランド化した『樵木備長炭』だ。

樵木備長炭はようやく生産が始まったところだが、早くも反応が起きている。中央官庁や地方自治体からの視察、相談が相次いでいるのである。

里山の広葉樹を経済に換える目ぼしいアイデアは、シイタケの原木か木質バイオマスくらい。しかし、今以上の価値は望めそうにない。調理燃料としての評価が定着している備長炭に、SDGsやネイチャーポジティブにつながる物語を融和させた吉田の構想に、行政も関心を示し始めたのである。

吉田と話をしていていつも感心するのは、批評のセンスだ。たとえば人口減少社会。経済も縮小することから、さまざまな専門家が日々悲観的に論じている。吉田はどう考えるのか。

「僕は大きな流れとしての人口減少に抗《あらが》うつもりはないですね。生態系では人間は上位捕食者。自然が許容できる以上の個体数は生きられません。それが摂理なのに人口問題を論じるときだけは都合よくはぐらかされ、¥マークの価値観で議論が進んでいく。

人口減少を念頭に置いた社会設計をすべきだと思います。拡大期の社会設計は先輩方がやってきた。しかし、その限界もわれわれは検証済みです。真の成熟社会とはどういうものか。それをイメージしたうえで設計し直すことはさほど難しいものではないはず。それができないのは、¥マーク的な価値観を手放すのが怖いからでしょう」

不確実だからこそ沖へ出る。釣り漁師に学んだこと

吉田には人生の師と呼べる人物が何人かいる。多くは漁師や農家、林業家など自然と向き合って暮らしている人たちだ。そのひとりの釣り漁師の生き方を目の当たりにしたとき、吉田が

それまで信じてきた経営観、人生観は音を立てるように崩れたという。

「近代経営って不確実性をいかに排除するかという歴史なんですね。上場企業だったら3か月に1度通信簿を出さなければならない。四半期決算というやつです。そのルールに基づけば経済は拡大し続けなければなりません」

それとは対極的な経営をしていたのが、小船1艘《そう》、腕1本で魚を狙う漁師だったという。その仕事は不確実の極みで、4万円も燃料を使って水揚げゼロというような日もたくさんある。

「けれど、1年を振り返るとちゃんと帳尻を合わせているんですね。狙う魚種を変える。取引相場を見る。行く場所を変える。使う仕掛けを、エサを変える。そして大事なこと。それは船を出せる限りは沖を目指す。不確実だから船を出すのをやめようではなく、不確実だからこそ前へ進む。チャレンジの回数を増やす。同じ経営者として目から鱗《うろこ》の落ちる思いでした。

漁業も農林業も、そして僕らのようなビジネスも同じだと思いますが、仕事って相手を深く考え続けること、興味を持ち続けることなんですよね。美波に帰ってきて十数年。自然に学んだことはすごくたくさんあります」

吉田がステージ4の段階でがん手術を受けた話は以前にも書いた。手術は成功したものの寛解までには至らず、今も仕事を続けながら大小の手術を含む治療を続けている。

15ラウンドまでクリンチで逃げ、引き分けに持ち込んでやるという意欲は変わらない。あわよくばKO勝ちも狙っていると周囲を笑わせる余裕もある。

２０２２年には、苦楽をともにしてきた妻の朝子を突然の事故で亡くした。憔悴《しょうすい》しきっていたはずだが、われわれ周囲には気丈に振る舞っていた姿が忘れられない。吉田の半生はジェットコースターのように起伏に富んでいる。

そんな中で達観しつつあることは、毎日の1分1秒を味わい尽くすことだという。晴れの日だけが、暖かい日だけがグッドデイではない。雨の日も、風の日も、暑い日、底冷えのする日もあるから、私たちは食料をはじめとする自然の恩恵が受けられるのだと語る。

四国の右下の快男児・吉田基晴。世間より少しばかり自然に近いところにいる人たちなら、今後もしばしば、その名前を耳にすることになるだろう。

おわりに
近況報告

吉田基晴

四国の右下、徳島県美波町で僕が経営に関わっている3つの会社の直近の状況をお知らせします。

ITセキュリティ・ソフト開発販売のサイファー・テック株式会社の美波ラボ（サテライトオフィス）で働くメンバーは、相変わらず田舎の自然暮らしを満喫していますが、移住から10年が過ぎ、地域での立場にも変化が出てきました。サーフィンが好きで移住してきた住吉二郎くんは、美波町で地元日和佐地区の女性と結婚し、すでに子どもが3人います。すっかり地域に溶け込んでいて、周囲からも頼りにされています。

先日、僕の家のすぐ近くで大きな火事がありました。僕も慌てて駆けつけたのですが、すでに消防団が消火活動を行なっていました。地域防災の一員として奔走する住吉君の姿を見て、僕は思わず涙が出そうになりました。もう彼をよそ者だなんていう人は地域では誰ひとりいないでしょう。

僕とはジャストシステム時代からの同期であり、釣り仲間でもある株式会社あわえの井上基も、すっかり移住者の古株です。たとえば渓流釣りが好きで移住志望のある人がいたりすると、フライフィッシングが好きな彼が川へ案内することになっています。かつて自分が美波の人たちから受けたようなもてなしを、自身が嬉々として行なっています。頼れる釣り兄貴といった感じでしょうか。

人口減少の流れはなかなか止まりそうにありません。国は新たに地方創生2・0という方針を掲げました。内閣府に地方創生担当部局ができたのは2014年。このときの地方創生（1・0）は、地方移住を大都市一極集中問題に歯止めをかける期待の切り札と位置づけました。たしかに移住はひとつのムーブメントになりましたが、一極集中の流れを変えるまでには至りませんでした。

今のままの速度で人口減少が進むと、日本では年に100万人ずつ人口が減り、2100年には6300万人になるという推計もあります。今度新たに掲げられた地方創生2・0では、従来のようなAからBへの移動（居住）だけではなく、AとB、さらにはCともDとも行き来できる多拠点居住がイメージされているようです。国民をひとつの場所や価値観に縛りつけない。減っていく人口を奪い合わない。このことは、あわえが黎明《れいめい》期から掲げてきた提案です。

本書の元になっているのはアウトドア雑誌『BE‐PAL』の連載記事ですが、週末を自然豊かなキャンプ場で過ごす人たちというのは、ある意味ではすでに多拠点居住の実践者です。地方の魅力・価値についての最大の理解者であり、地方にとってはすでに得がたい関係人口なのです。

ウェルビーイングの時代です。知名度の大きさや待遇の良さと引き換えに、社員の自己実現を断念させるような昭和的な企業風土が、これからの社会を支える若い人たちから支持されるとは思えません。個人のライフスタイルをもっと尊重し、幸福実感を高めることこそが生産性向上のカギではないかと思っています。

僕は、人の取り合いのような移住政策はもともと成功しないと考えていました。そこから生まれたアイデアが、家族の人生選択に合わせて子どもが都会と地方の学校を自由に行き来できるデュアルスクール制度です。制度上無理だといわれましたが、岩盤のようなルールにもなんらかの隙間はあるものです。大事なのは、こじあけることを諦めないことです。

地方創生2・0の考えは、僕らが研究を続け、地方自治体への処方箋として提供してきたサテライトオフィス、デュアルスクールとも高い親和性があります。その意味では、より多くの地方自治体と本質的な議論ができる状況に入りつつあるともいえるので、腕が鳴ります。

地方創生に関しては、エッジの利いたロジックがたくさんあります。優秀な理論家のそんなシャープな言説に比べ、僕がいつも口にするロジックはいかにも泥臭く鈍重です。「その場合はどう考えてもそういう結論になるよね」という感じ。世間では一応IT企業の社長ということになっていますが、口ぶりがそれっぽくないとよくいわれます。

この思考の癖は、子どものころからやってきた魚釣りの影響でしょう。何事も人間を含む自然の摂理、サイエンスから考える習慣がついているので、たとえ優れた経済論や哲学であっても、自然の法則から外れた人間の論理は矛盾していると思うからです。ビジネスの際にも、釣りの教訓がよく頭をかすめます。ああ、これは潮が動かない状況だなと思ったら我慢します。しかし、諦めません。なぜなら、必ず潮はまた動き出す。チャンスが巡ってくるのが自然というものだからです。

時合いが来た、つまり魚が釣れ始めても、慌てたり浮かれて手を抜かないようにしています。一度仕掛けを絡ませると手が止まり、もたもたしている間に獲物がどこかへ行ってしまう（あるいは隣の釣り人に釣られてしまう）からです。肉食動物に喩えれば、それは狩りの失敗であり自分と子どもの飢えにつながっていきます。

地方を元気にするのが地域活性の目的であれば、その地域が本当の意味で長続きできる交流や産業のしくみを起こすべきです。奇跡の逆転のようなアイデアはそうそう降りてくるものでありませんし、ロジックだけで作り出せるものでもありません。僕は「その場合はどう考えてもそういう結論になるよね」という自然から学んだ自分の直感を信じています。

あわえが東北、京都、北九州で開催している地方自治体職員のためのマッチングイベント『地域×Ｔｅｃｈ』では、２０２５年度からネイチャーポジティブ（自然再興）推進ゾーンを設けます。地方自治体も否応なしにネイチャーポジティブを実践せざるを得ない時代になりました。全国には、自然についてさまざまな知見を持つ自然保護団体や有識者グループがありますが、ネイチャーポジティブという目標で行政とジョイントできている例はまだ少数です。環境回復は地方にとって大きなインパクトを秘めていると思います。かつて環境を壊すことで仕事を作れた時代がありました。これからは、自然を回復させることが仕事になる時代が来るのです。世の中にとって良いことと経済との接合点を作る。それがあわえの変わらない理念です。

僕が作った3つ目の会社、株式会社四国の右下木の会社が取り組んでいるのは、まさに自然再興と経済との接合です。BE-PALでの連載終了から1年の空白ができましたが、その間にも大きな動きがいくつもありました。2024年『第12回グッドライフアワード』（環境省）では環境大臣賞を受賞。また、『世界農業遺産』（国連食糧農業機関）の専門家会議評価を踏まえ、木の会社が復興しようとしている徳島県南部の伝統的林業「樵木林業」が同年12月に『日本農業遺産』に認定されました。

僕たちが窯を作って焼き始めた樵木備長炭もおかげさまで好評で、こだわりのある料理店からの引き合いが増えました。料理を突き詰めたい人なら、食材だけでなく、調理燃料である炭とその炭が生産されるバックグラウンドも知りたくなるはず。それが僕の自然的直感であり、このビジネスモデルの根拠でしたが、事業としての成功はあくまで仮説にすぎませんでした。

樵木備長炭のことを伝え聞いて連絡をくださった料理人の方々と実際にお会いして話をしてみると、皆さん本当の意味で意識が高い。なぜ僕らが山に入って木を伐り、自分たちで炭を焼き始めたかという再生の物語にすごく共感してくださる。思いが刺さってくれたらいいなあ、という希望は今、ちゃんと伝わるんだ！　という確信に変わっています。

おかげさまで製炭現場はフル稼働状況です。焼き始めた当初は「売れるんかなあ」というのが悩みでしたが、今は「品切れでお客さんに迷惑をかけるのではないか」という不安と戦っています。

地方自治体からの問い合わせや視察も今まで以上に増えており、先日は神戸市の依頼で放置が進んだ六甲地区の里山から伐り出されたカシを、当社の窯で焼きました。不良資産化している神戸市内の森林資源を、同じ神戸市内で循環的に活用し、経済に結びつけられないかという試みです。カシ備長炭のクオリティはウバメガシに準ずるとされていますが、遜色ない水準の備長炭に焼き上がりました。その後希望する店舗に試供されたとのことで、神戸ビーフを神戸産の備長炭で味わえる日も近いかも知れません。

地産地消という言葉にアイデアを借りた「地炎地食」も着々と進めています。2025年春からは、美波町の日和佐漁港前で食のマーケットが定期開催される予定です。主催者は地域です。そこに樵木備長炭や薪のコーナーを出します。熱源としてその場で使っていただこうという趣向です。イセエビなどの魚貝、シイタケ、野菜、阿波尾鶏、ジビエなど、このあたりにはどこにも負けないおいしい食材がたくさんあります。食材はそれぞれの出店者から買い、自分で焼いて味わってもらうことで、自分たちの地域の豊かさを実感してもらおうというものです。観光客も来るようになれば、食材の知名度も高まることでしょう。釣り船が港に戻ってきたら、釣れたグレ（メジナ）をその場でクーラーボックスから出して焼いてもらうのも良いかもしれません。とにかく、楽しんでいただくためのアイデアには事欠きません。

こうした活動を、本文にもあるようにガストロノミー（美食文化）ツーリズムに発展させ、樵木備長炭のすばらしさを世界に伝えたいという思いは今も変わりません。燃料としての実力だけでなく、日本の自然の象徴である里山で受け継がれてきた循環型経済のしくみと思想、そして備長炭という世界でも例のない高温焼成炭と、ここまでこだわるのか、という超技巧的な技術。「おいしい」を通じ、日本のプレゼンスをもっともっと上げたい。そして、日本の田舎ってクールだねと世界にいわせたいのです。

欲望の千手観音と呼ばれたこともある、なんでもやりたがり屋の吉田ですが、今もその欲深さは変わりません（旺盛な好奇心といってほしいのですが）。今後も僕たちの事業を見守っていただけましたらうれしく思います。

解説

諦めず課題解決に立ち向かう意志

明治大学農学部教授
小田切徳美

「多角的革新起業家」といってよいであろう。本書の取材対象である吉田基晴氏は、地方創生の世界ではサテライトオフィス誘致や二地域居住の推進で著名なアントレプレナーである。氏が起業に関わった事業はＩＴ関係から林業までの広い幅があり、また教育や自然再生にも関与する。

吉田氏自身も、『本社は田舎に限る』（講談社）というすぐれた著書で自らの取り組みを詳述しているが、最新の動向を含めたその活動の全貌は、本書によってより高い解像度を伴って見えるようになった。解説者（小田切）は、研究のため吉田氏が活躍する美波町を訪れ、氏からたびたび話を聞く機会がある。また、定期的な意見交換もしているが、最近の樵木林業への強い思いなどははじめて知った。それほど、関わる分野は多角的で、かつアップデートしている。

しかも、ひとつひとつの事業がユニークなことも特徴であろう。吉田氏が最初に経営したのは情報セキュリティ会社である。この会社の徳島でのサテライトオフィス設置がサーフィン移住による技術者確保につながっている。後に本社を移すその美波町では、サテライトオフィスの誘致事業を行なう別会社を立ち上げている。その後、この会社は地域課題をＤＸで解決するため、企業と地域（自治体など）のマッチングを行う地域×Ｔｅｃｈ事業にも取り組み、「地方創生会社」へと活動の幅を広げている。さらに、近年増大する二地域居住の際に、親に同伴する子どもたちが地元の学校に通えるようにする「デュアルスクール」を推進する事業も展開している。こうした需要が特殊なものではなく、今後も拡大するという先見からの事業進出であり、独自のノウハウが蓄積されている。

そして、最も新しく取り組んだのは、「四国の右下木の会社」である。地域の伝統的な樵木林業の現代的な復活により、備長炭の生産を開始している。成果は出始めたばかりであるが、経済―社会―環境の好循環をめざすＳＤＧｓの実現として注目され、掘り起こされた樵木林業は日本農業遺産にも認定されている。

これらの広角的な活動の通奏低音も本書から読み取ることができる。それは、吉田氏の課題に立ち向かう姿勢であろう。課題はどの分野にもある。例えば、ＩＴ業界には技術者不足、地域には仕事不足、森林には荒廃問題等である。多くの場合には、課題の壁は厚く、挑戦さえも憚《はばか》られる。そのため、嘆いてあきらめたり、あるいは政治や政策に解決を頼ったりすることもしばしば見られる。しかし、吉田氏はいずれの課題にも「解決の道」があると確信し、行動する。

本書の重要な成果は、それぞれの事業に立ち向かうプロセスが丁寧に描かれていることである。たとえば、樵木林業への挑戦について、吉田氏は「そもそも薪炭は儲かるんか。普通に考えれば否ですよ」としながらも、「けれどここ美波町では、山の木が歴史、文化、生活といろんなところにつながっていた。地域の要であり生きざま。そのストーリーを価値として認めてくれる人はいる」という点に突破口があると考え、事業に乗り出している。他の分野でも同様のプロセスが見られ、それぞれが活写されている。

そして、その本質は、吉田氏による「あとがき」で、子ども時代からなじんできた魚釣りの経験から「諦めません。なぜなら、必ず潮はまた動き出す。チャンスが巡ってくるのが自然だからです」とずばり語られている。

これが見える化されたことは重要であろう。吉田氏が挑戦する「地域課題」は、一般的に根深く、一朝一夕で解決出来るものではない。にもかかわらず、本書でも紹介されているように、氏は「過疎化は大きな社会問題だが、問題や課題はつねにビジネスチャンスである」を持論にしている。そのように考え、実践する原点には「課題解決を諦めない」という起業家としての強固な思いがあることを知ることができるのである。

とはいうものの、それだけが強調されてしまうと、単なる精神主義にもなりかねない。本書はそれにとどまらず、各事業における吉田氏の「参謀」や「パートナー」となる人々の存在と彼らの思い、活動もまた丁寧に取材され、リアルに紹介されている。その点が行状記としてありがちな類書と本書の決定的な違いであろう。各事業に関わる仲間の姿が吉田氏と同様に、印象深く、かつ等身大に描かれているのである。

解説者は、美波町で起業された「あわえ」に関して、本書に固有名詞が出てくる人々の多くと出会っているが、いずれも吉田氏と活動理念を共有化しながらも、独自の判断で行動ができるメンバーであった。吉田氏が関わる事業のすべてに、こうした人々が集まり、それぞれの「チーム吉田」が生まれているのであろう。

このように見ると、先に指摘した「諦めずに課題解決に立ち向かう意志」と「志を共有する仲間によるチーム作り」という両者が、本書が描き出した「多角的革新起業家」としての吉田氏の挑戦の神髄であることが見えてくる。当然のように、両者は好循環関係にあり、「立ち向かう意志」が「チーム」を作り、逆に「チーム」の存在が「立ち向かう意志」をさらに強めている。

最後に、本書にたびたび登場する〝にぎやかそ〟について、触れておこう。これは、人口減少が進む中でも、移住者や地元の人々がごちゃ混ぜになり、ワイワイガヤガヤとしている状況を指している。元々は、２０１３年に放映されたテレビ金沢のドキュメンタリー「にぎやかな過疎～限界集落と移住者たちの7年間～」という番組名でもあり、それを借用して、解説者は地域社会の新しい目標として論じている。そして、本文でも述べられているように、吉田氏が活躍する美波町は、２０１８年に「にぎやかな過疎宣言」を行なって、それを〝にぎやかそ〟と表現した。

その宣言では「高齢化率が45％を超す美波町では、今後も人口減少局面が続くことが予想されています。こうした厳しい現実にしっかりと向き合いながら、人口減少の進む過疎の町であっても、内外から人が集い、開業や起業が相次ぐにぎやかな町を、このキャッチフレーズとロゴのもと、関係者一丸となって目指すことを宣言いたします」としている。この宣言の仕掛け人もまた、吉田氏である。

なによりも注目されるのは、目標とされているのが人口動向ではなく、「内外から人が集い、開業や起業が相次ぐ」という点である。これは、人材や企業の力で地域づくりを進め、厳しい人口減少のなかでも地域の人々が幸せに生きるという「人口減少問題の適応策」に他ならない。人口減少の危機ばかりが言われているなかで、もうひとつの考え方であり、それを自治体が宣言したことは、先駆的であり、各方面から注目されている。

吉田氏がふるさと・美波町に戻り、まず手がけたのがサテライトオフィスの誘致であったが、今やその目標は、人口減少社会の新しいビジョンの実践にまで昇華されているのである。こうして見ると、吉田氏の幾多の挑戦は人口減少下の日本における新しい社会の創造を、ＩＴ産業から林業、教育、環境まで、「多角的でかつ革新的」に目指したものといえる。本書はまさにその全貌を著しているのである。

つねに思うことであるが、優れた本はいくつもの顔を同時に持つ。本書も人口減少社会のあり方を論じる社会創造論として、あるいはスタートアップの神髄を論じたビジネス論として、また自然と人間との新しい関係性（ネイチャーポジティブ）を語る環境論として、そして、吉田氏の波瀾万丈の人生を語る行状記として、いずれの読み方もできる書である。どの視点からアプローチしても新たな気づきがあり、一読後に別の視点による再読も可能である。吉田氏と同様に本書自体も「多角的でかつ革新的」なのであろう。

おだぎり・とくみ　１９５９年神奈川県生まれ。博士（農学）。東京大学農学部卒業、同大学院博士課程単位取得退学。明治大学農学部教授（食料環境政策学科地域ガバナンス論研究室）。専攻は農政学・農村政策論、地域ガバナンス論。日本地域政策学会会長、農業問題研究学会代表幹事、日本学術会議会員を歴任。著書に、『日本農業の中山間地帯問題』（農林統計協会）、『農山村再生―「限界集落」問題を超えて』（岩波書店）、『農山村は消滅しない』（同）、『にぎやかな過疎をつくる―農村再生の政策構想』（農文協）など。

移住で地方を元気にする
IT社長が木の会社を作った理由

2025年4月6日　初版第1刷発行

著者　かくまつとむ

発行人　宮澤明洋
発行所　株式会社 小学館
〒101-8001 東京都千代田区一ツ橋 2-3-1
編集 03-3230-5916　販売 03-5281-3555
印刷所　萩原印刷株式会社
製本所　株式会社若林製本工場

デザイン　鈴木悦子
DTP　昭和ブライト
写真　矢嶋慎一
校正　小学館出版クォリティーセンター
小学館クリエイティブ

編集　長 昌之（連載時）
沢木拓也
販売　坂野弘明
宣伝　山崎俊一
制作　髙橋佑輔

Printed in Japan
ISBN　978-4-09-389801-0